바울의 편지

Paul's letters

바울의 편지

초판 1쇄 인쇄 | 2019년 01월 15일
지은이 | 노상완
펴낸이 | 이승훈
펴낸곳 | 해드림출판사
주 소 | 서울 영등포구 경인로82길 3-4(문래동1가 39)
센터플러스빌딩 1004호(우편07371)
전 화 | 02-2612-5552
팩 스 | 02-2688-5568
E-mail | jlee5059@hanmail.net

등록번호 제2013-000076
등록일자 2008년 9월 29일

ISBN 979-11-5634-326-4

Paul's letters

바울의 편지

번역 노상완

로마서 ~ 히브리서

의롭다함에서 거룩함까지

해드림출판사

서문

오늘이 종교개혁 501주년이 되는 날입니다. 서서히 몰락해 가던 중세 시대의 종말은 전혀 뜻밖의 사건에서 비롯되었습니다. 그것은 루터의 '의롭다함'의 재발견입니다. 변방의 작은 북소리 정도로 취급당했으나, 당시 최첨단 인쇄술의 발견과 더불어, 새로운 지식과 담론으로 확장되었고, 결국 근대사회의 문을 여는 단초가 되었습니다. 이후 유럽 사회는 500년에 걸쳐 혼돈과 변화와 발전을 거듭하며 지금의 안정된 선진사회를 이루었습니다.

그런데 우리나라는 그 시기를 압축하여 100여 년 만에 선진국 문턱에 진입했습니다. 그것도 남북 분단의 현실 가운데 말입니다. 당연히 칭찬받아야 합니다. 한편 압축 성장에 따른 진통 또한 우리가 겪고 있는 현실이며 해결해야 할 과제이기도 합니다. 기독교 인구가 천만 명에 이르는 한국 사회는 당연히 기독교와 떼려야 뗄 수 없는 관계에 묶여있습니다. 따라서 우리 사회의 변화 역시 기독교의 몫이기도 합니다.

몇 년 전부터 종교개혁 500주년을 기념하자는 목소리가 여기저기서 들려왔습니다. 개인적으로 500주년을 기념할 방법이 무엇이 있을까 생각하던 가운데 로마서를 번역해 보기로 했습니다. 루터의 발치에도 못 미치는 비천한 자이지만 흉내라도 내보자며 도전했습니다. 환갑의 나이에 더군다나 헬라어 실력도 보잘것없으나 일단 시작했습니다. 다행히 등대교회 성도들의 무한 신뢰와 응원 덕분에 바울서신 전부를 번역하게 되었습니다.

바울은 로마서에서 "~에서 ~까지"란 표현을 여러 번 사용합니다. 로마서 1:17처럼 상황에 따라 유연한 헬라어 특성상 번역이 쉽지 않고, 번역해도 아리송합니다. 그런데 바울이 예화로 활용한, 트랙을 달리는 육상 선수와 비교해 보면 즉시 이해가 됩니다. "~에서"는 출발선이고 "~까지"는 결승선입니다. 바울은 자신을, 푯대를 향하여 달려가는 육상 선수로 묘사합니다.(빌 3;14) 선수에게 지름길은 없습니다. 출발선에서 출발하여 결승선을 통과해야 합니다.

루터가 재발견한 '의롭다함'은 바울에게 있어 신앙의 출발선입니다. 바울의 목표는 하나님 앞에 흠 없고 점 없는 거룩한 산 제물로 드려지는 것임을 서신 곳곳에서 발견할 수 있습니다. 그렇다면 결승선에 도달한다는 것은 '거룩함'에 이른다는 것입니다. 물론 최종 목표는 거룩함을 넘머 '영화로움'에까지 이르는 것임을 바울과 루터 모두 강조합니다. 그러나 지금까지 '의롭다함'이라는 주제가 너무 강렬하여 상대적으로 '거룩함'은 주목을 덜 받아왔습니다.

번역을 하며 얻은 결론은 바울이 출발했던 '의롭다함'과 도달하려 했던 '거룩함'의 그 길을 우리도 가야 한다는 것입니다. 바울의 거룩함이란 특별하지 않습니다. 평범한 일상 속에서의 품위 있는 건전한 삶입니다. 이런 거룩함이 이 시대의 담론으로 주목받기를 원합니다.

마지막으로, 번역된 원고의 출판을 위해 협력해주신 대전의 박노중 목사님, 전주의 최명호 목사님, 사랑하는 아내 허영희 그리고 딸 노엘리에게 감사의 말을 전합니다.

2018. 10. 31

포항등대교회 골방에서.

목 차

로마서

롬1장

1 하나님의 복음을 위하여 구별된 후, 사도로 부름 받은 예수 그
리스도의 종 바울은,
2. - 이 복음은 하나님께서 자신의 아들에 관하여 선지자를 통하
여 성경에 미리 약속하신 것으로,
3 그는 육신을 따라 다윗의 씨로 태어나셨고,
4 성령을 따라 죽은 자 가운데서 다시 일어나셨고 권능으로 하나
님의 아들로 선포되셨습니다. 그는 곧 우리 주 예수 그리스도이
십니다. (시편2:7)
5 그를 통하여 우리는 은혜와 사도의 직분을 받았습니다. 이는 모
든 이방민족으로 하여금 그 이름을 믿어 순종케 하기 위함입니다.
6 또한 이방민족 가운데 있는 여러분도 예수 그리스도의 부르심
을 받은 자들입니다. -
7 하나님의 사랑으로 부름 받은 로마의 모든 성도들에게 (편지를
보냅니다.) 우리 하나님 아버지와 주 예수 그리스도로부터 은혜와
평화가 (있을 지어다).

8 먼저 여러분 모두로 인하여 예수 그리스도를 통하여 내 하나
님께 참으로 감사드립니다. 이는 여러분의 믿음이 온 세상에 널
리 알려졌기 때문입니다.
9 참으로 그분의 아들의 복음 안에서 내 영으로 섬기는 하나님께

서 내 증인이십니다. 나는 끊임없이 여러분을 기억하며
10 항상 기도하는 가운데 어떠하든지 바로 지금이라도 하나님의
뜻 안에서 여러분에게로 갈 수 있기를 간청하고 있습니다.
11 이제 내가 여러분을 간절히 보고자 함은 여러분과 어떤 영적
인 은사를 함께 나눠가짐으로 여러분을 굳게 하며,
12 또한 피차 여러분과 나의 믿음을 통하여 여러분과 함께 위로
를 얻고자 함입니다.
13 그런데 형제들이여, 나는 여러분이 모르기를 원치 않습니다.
다른 이방 민족에서와 같이 여러분에게서도 열매를 맺기 위하여
여러분에게 가려고 여러 번 우선순위에 두었으나 지금까지 가로
막혔습니다.
14 헬라인들과 야만인들에게도, 현명한 자들과 미련한 자들에게
도 나는 빚진 자입니다.
15 그래서 로마에 있는 여러분에게도 복음을 전하기 원합니다.

16 나는 그리스도의 복음을 부끄러워하지 않습니다. 믿는 모든
자를 구원하시기 위한 하나님의 능력이기 때문입니다. 우선 유대
인에게요 그리고 헬라인에게 입니다.
17 이제 "그러나 의인은 믿음으로 살리라"는 말씀과 같이, 믿음에
서 믿음까지(처음부터 끝까지 믿음, 즉 오직 믿음에 의한) 하나님의 의가
복음 안에 전부 드러났습니다. (합2:4)

18 물론 이제 하나님의 진노가 불의로 진리를 억누르는 사람들

의 모든 불신과 불의에 대하여 하늘로부터 나타나게 됩니다.
19 그렇다면 하나님에 대하여 알 만한 것이 공개적으로 저들 속
에 있다는 것입니다. 즉 하나님께서 저들에게 (관찰 가능한 상태로)
그것을 드러내셨습니다.
20 창세로부터 그분의 보이지 않는 것들을 피조물에게 알려주셔
서 저들이 핑계치 못하도록 그분의 영원하신 능력과 신성을 분명
히 보여주셨습니다.
21 따라서 저들은 하나님을 알면서도 하나님께 영광을 돌리지도
혹은 감사를 드리지도 않았고, 오히려 저들의 논쟁으로 어리석게
되었으며 저들의 우둔한 마음 역시 캄캄해졌습니다.
22 저들은 지혜 있다고 주장하나 바보가 되었습니다.
23 그리하여 하나님의 썩지 아니하는 영광을 썩어질 사람과 새와
짐승과 파충류 형상의 우상으로 바꾸었습니다.

24 이러한 이유로 하나님은 저들의 마음의 정욕 가운데 바로 자
신들의 몸을 수치스럽게 하는 그 더러움(도덕적 타락) 속으로 그들
을 넘겨주었습니다.
25 저들은 무엇이든지 진리를 거짓으로 바꾸었고, 조물주보다 피
조물을 더 경배하며 섬겼습니다. -그분은 영원토록 찬송 받으실
분이십니다. 아멘-
26 그러므로 하나님은 저들을 수치스런 욕정 속으로 넘겨주었습
니다. 때문에 저들의 여자들까지도 정상적인 성생활을 비정상적
인 것으로 뒤바꾸었고,

27 또한 이와 비슷하게 남자들도 여자와의 정상적인 성생활을 버
리고, 남자가 남자로 더불어 불미스러운 일을 행하면서 그리고
자신들의 일탈에 대한 벌칙을 따로 받고 있으면서도 서로에게 음
욕이 불타올랐습니다.
28 그리고 또한 저들이 지식으로 하나님을 면밀히 살피지 않는
만큼, 부적절한 것들을 일삼는 허락되지 않은 생각 속으로 저들
을 넘겨주었습니다.
29 저들은 이미 모든 불의와 음란과 교활함과 탐욕과 악한 마음
으로 가득 차 있어, 질투와 살인과 다툼과 속임수와 사악한 성향
으로 가득합니다. 저들은 수군수군하는 자요,
30 험담하는 자요, 하나님을 증오하는 자요, 해를 끼치는 자요, 교
만한 자요, 허풍 떠는 자요, 악을 만드는 자요, 부모를 거역하는
자요,
31 어리석은 자요, 계약을 어기는 자요, 무정한 자요, 앙심을 품은
자요, 무자비한 자입니다.
32 이 같은 일을 행하는 자는 사형에 해당한다는 하나님의 법령
을 알면서도 저들만 아니라 그 일을 행하는 자들을 함께 좋아합
니다.

롬2장

1 그러므로 비난하는 모든 사람들이여! 당신은 핑계 댈만한 여지
가 없습니다. 참으로 당신은 다른 사람을 비난하는 것으로 당신
자신을 정죄하고 있습니다. 왜냐하면 당신이 비난하는 그 일을
행하고 있기 때문입니다.
2 더욱이 하나님의 심판이 이런 일을 행하는 자들에게 낱낱이 임
한다는 것을 우리는 이미 알고 있습니다.
3 그러나 이런 일을 행하는 자를 비난하면서 또한 같은 일을 행하
는 사람이여! 당신은 하나님의 심판을 피할 줄로 생각합니까?
4 혹은 하나님의 인자하심이 당신을 회개로 인도한다는 것을 모
르면서, 그분의 인자하심과 관용과 인내의 풍성하심을 경멸합니
까?
5 지금 당신은 완고함과 뉘우침이 없는 마음을 따라 징계의 날
곧 하나님의 공정한 심판이 나타나는 그날에 받을 징계를 스스로
비축하고 있습니다.
6 그분은 각 사람에게 자신의 행위에 따라 보상해 주실 것입니다.
7 인내하면서 선을 행함으로 영광과 위엄과 썩지 아니함을 열망
하는 자들에게는 영생을 (주시고)
8 그러나 다투며 진리에 순종하지 않고 불의를 따르는 자들에게
는 진노와 징계를 (내리시고)
9 악을 행하는 모든 사람 위에 환난과 괴로움이 (임하하리니) 첫째

는 유대인 중에서 그리고 헬라인 중에서 입니다.
10 그러나 선을 위해 노력하는 모든 사람에게는 영광과 위엄과
평화가(있으리니) 첫째는 유대인에게요 그리고 헬라인에게 입니다.
11 진실로 하나님에게는 외모로 판단하심이 없습니다.
12 이제 율법 없이 범죄한자는 모두 율법 없이 멸망할 것이요, 율
법을 가지고 범죄한자는 율법으로 말미암아 심판 받을 것인즉,
13 하나님 앞에서는 율법을 듣는 자가 의로운 자가 아니라 오직
율법을 행하는 자가 의롭다함을 얻을 것입니다.
14 물론 율법을 소유하지 않은 이방인들이 본성에 의해 그 율법
을 행할 때는, 율법을 소유하지 않았을 지라도 그들이 자신에게
율법이 됩니다.
15 이런 자들은 그들의 마음에 율법의 행위가 새겨져있음을 나타
냅니다. 그들의 양심이 확인하는 바이며 또한 서로 다른 생각(계
산)들 사이에 비난하거나 혹은 변호합니다.
16 그날 곧 그 때 내 복음대로 예수 그리스도로 말미암아 하나님
께서 사람들의 은밀한 것들을 심판하십니다.

17 보십시오, 당신은 유대인이라 칭하며, 율법을 의지하며, 하나
님을 사랑하며,
18 그분의 뜻을 알며, 율법의 가르침을 받고서 더 뛰어난 것을 분
별하며,
19 스스로를 눈먼 자들의 안내자요, 어둠에 있는 자의 빛이요,
20 무지한 자의 훈련교관이요, 어린아이의 교사요, 율법의 지식

과 진리의 외모를 소유한 자라고 이미 확신하고 있습니다.
21 그런데 다른 사람을 가르치면서 왜 당신 자신은 가르치지 않
습니까? '도둑질 하지 말라'고 전하면서 왜 도둑질 합니까?
22 '간음하지 말라'고 말하는 당신이 왜 간음합니까? 우상을 소름
끼칠 정도로 혐오하면서 왜 신전의 물건을 가져갑니까?
23 율법을 자랑하는 당신이 그 율법을 범하면서 왜 하나님을 욕
보입니까?
24 그래서 기록된바 "하나님의 이름이 여러분으로 인하여 이방인
들 가운데서 조롱당하고 있다"는 말씀과 같습니다. (겔36:20)
25 물론 율법을 행한다면 할례는 참으로 유익합니다. 그러나 당
신이 율법을 범한다면 그 할례는 무할례가 됩니다.
26 따라서 무할례자가 율법의 요구조건을 지킨다면 그의 무할례
가 할례로 여김 받을 것 아니겠습니까?
27 또한 본래부터 무할례자가 율법을 온전히 지킨 후에, 문서와
할례를 통하여 율법을 범하는 당신을 비난할 것입니다.
28 그러므로 드러난 유대인이 유대인 아닙니다. 육신에 드러난
할례가 할례 아닙니다.
29 오직 드러나지 않은 유대인이 유대인이며, 할례는 문서가 아
니라 영으로써 마음에 해야 합니다. 이런 자는 사람이 아니라 오
직 하나님으로부터 칭찬을 받습니다.

롬3장

1 그런즉 유대인의 우월함이 무엇입니까? 할례의 유익이 무엇입
니까?
2 여러 면에 걸쳐서 많습니다만 제일 먼저 그들은 하나님의 말씀
을 맡았습니다.
3 그러나 만일 어떤 자들이 믿지 않았다고 해서 그들의 불신이 하
나님의 신실하심을 쓸모없게 합니까?
4 전혀 그렇지 않습니다. 하나님은 참되십니다. 그러나 사람은 모
두 거짓됩니다. "주의 말씀으로 의롭다함을 얻고, 주의 판결로 승
리하신다."는 말씀과 같습니다. (시51:4)
5 만일 우리의 불의가 하나님의 의를 나타낸다면 우리는 무슨 말
을 해야 합니까? 심판을 내리시는 하나님이 불의하십니까? 그렇
다고 말하는 사람도 있습니다만,
6 전혀 그렇지 않습니다. 그렇지 않으면 하나님께서 세상을 어떻
게 심판하시겠습니까?
7 "나의 거짓말로 인하여 하나님의 참되심이 더욱 풍성해져서 하
나님께 영광이 되었다면 나는 어떤 죄로 벌을 받아야 하는가?"
8 또한 "선을 나타내기 위하여 악을 행하자."라는 말을 우리가 했
다고 조롱하는 사람들이 있는데 저들은 심판받아야 옳습니다.

9 그러면 어떠합니까? 우리는 더 나은 사람입니까? 전혀 아닙니

다. 유대인도 헬라인도 모두 죄 아래 있다고 우리는 이미 앞에서
언급했습니다.
10 "의인은 없나니, 하나도 없도다."는 말씀과 같이 (시14:1)
11 이해하는 자도 없고 하나님을 찾는 자도 없습니다.
12 모두 다 빗나간 동시에 쓸모없게 되었습니다. 즉 선을 행하는
자 없습니다. 하나도 없습니다.
13 그들의 목구멍은 열린 무덤입니다. 혀는 교활합니다. 입술에
는 뱀의 독이,
14 입에는 저주와 날카로움이 가득합니다.
15 발은 피 흘리는데 빠르고
16 그들이 가는 길에는 파멸과 재난 있습니다.
17 그래서 평화의 길을 알지 못합니다.
18 그들 눈에는 하나님을 두려워함이 없습니다.

19 더욱이 우리는 율법이 말하는 것은 무엇이든지 율법 가운데
있는 자들에게 말하고 있음을 이미 알고 있습니다. 이는 모든 입
을 막고 세상 모든 사람에게서 유죄판결을 끌어내기 위함입니다.
20 따라서 어떤 육체라도 그 분 앞에서는 율법의 행위로 말미암
아 의롭다함을 받지 못할 것입니다. 율법을 통하여 죄를 인지할
뿐입니다.

21 그러나 이제는 율법 외에 율법과 선지자들로부터 확증된 하
나님의 의가 이미 드러났습니다.

22 예수 그리스도를 믿는 믿음을 통하여, 믿는 모든 자에게 모든
자 위에 (임하는) 하나님의 의인즉, 차별이 없습니다.
23 모든 사람이 죄를 범하여 하나님의 영광에 이르지 못하였기
때문에,
24 그리스도 예수 안에 있는 구속(몸값을 내고 풀려남)을 통한 하나님
의 은혜로 말미암아 믿는 모든 자들은 값없이 의롭다함을 받습니다.
25 하나님께서 그리스도를 그의 피로써 믿음으로 말미암는 속죄
제물로 세우셨습니다. 이는 하나님께서 너그럽게 전에 지은 죄들
을 간과하심(용서하심)으로 자신의 의를 드러내기 위함인즉,
26 바로 지금 이 때에 자신의 의를 드러내심과 함께, 하나님 자신
도 의로우시며 또한 예수 믿는 자를 의롭다 하시려는 것입니다.

27 그런즉 자랑거리가 어디에 있습니까? 있을 수 없습니다. 어떤
종류의 법을 통해서 입니까? 행위입니까? 정말 아닙니다. 오직 믿
음의 법을 통해서입니다.
28 따라서 사람이 의롭다함을 얻는 것은 율법의 행위 없이 믿음으
로 된다고 우리는 추론합니다.
29 하나님은 단지 유대인의 하나님이신가요? 이방인의 하나님은
아니신가요? 아닙니다. 분명히 이방인의 하나님도 되십니다.
30 할례자도 믿음으로 그리고 무할례자도 믿음을 통하여 의롭다
하실 분은 하나님 한 분이십니다.
31 그러면 믿음 때문에 우리가 율법을 쓸모없게 합니까? 전혀 그
렇지 않습니다. 오히려 우리는 율법을 굳게 세웁니다.

롬4장

1 그런즉 우리 조상 아브라함이 육신을 따라 얻은 것이 무엇입니
까?
2 만일 아브라함이 행위로 의롭다함을 얻었다면 자랑할 것이 있
겠지만 그러나 하나님 앞에서는 없습니다.
3 진실로 성경이 무엇을 말하고 있습니까? "그러므로 아브라함이
하나님을 믿었고, 하나님은 이것을 그의 의로 여겨주셨다(목록에
기록하다)"라고 했습니다. (창15:6)
4. 일하는 자에게 삯은 자선이 아니라 받아야 할 빚입니다.
5 그런즉 경건치 않은 자를 의롭다 하시는 하나님을 믿는 자에게
는 그가 아무런 일을 하지 않았어도 그의 믿음을 의로 여겨주십
니다.
6 다윗 역시 일한 것 없이 하나님께 의롭다함을 인정받은 사람의
행복에 관하여 다음과 같이 말했습니다.
7 "불법을 용서 받고 죄가 가려진 자는 복이 있도다." (시32:1)
8 "주께서 결코 죄를 죄로 여기지 않을 자는 복이 있도다." (시
32:2)
9 그렇다면 이 복은 할례자에게 입니까? 그렇지 않으면 무할례자
에게 입니까? 아브라함이 그의 믿음을 의로 여김 받았기 때문에
우리가 말하는 것입니다.
10 더욱이 그것은 언제입니까? 할례 받은 후 입니까 아니면 전 입

니까? 할례 후가 아니라 할례 전이었습니다.
11 그리고 그가 받은 할례의 표시는 할례 받기 전에 있었던 믿음
의 의를 확인하는 도장입니다. 이는 무할례를 통하여 아브라함으
로 하여금 모든 믿는 자의 조상이 되게 하시며, 또한 저들에게 의
롭다함을 받게 하려는 것입니다.
12 그리하여 아브라함은 할례에 속한 자들의 조상일 뿐 아니라
또한 아브라함이 할례 받기 전에 가졌던 그 믿음의 발자취를 따
르는 자들의 조상도 됩니다.

13 이제 아브라함과 혹은 그의 후손과 맺은 언약 곧 세상의 상속
자(기업무를 자)가 되리라는 언약은 율법이 아니라 믿음의 의로 말
미암은 것인즉,
14 만일 율법에 속한 자들이 상속자라면, 그 믿음은 헛것이며 또
한 그 언약은 완전히 쓸모없는 것입니다.
15 분명히 율법은 진노라는 결과를 가져옵니다. 율법이 없다면
결코 범죄도 없습니다.
16 그러므로 믿음에 속한 자들이 상속자입니다. 그래야 은혜와
일치합니다. 이는 그 언약을 모든 후손에게 즉 율법에 속한 자 뿐
아니라 우리 모든 사람의 조상인 아브라함의 믿음에 속한 자에게
확고히 하려는 것입니다.
17 "내가 너를 많은 민족의 조상으로 세웠다"하신 말씀과 같이 아
브라함은 하나님이야 말로 죽은 자를 다시 살리시며, 없는 것을
있는 것처럼 부르신다는 것을 믿었습니다. (창17:5)

18 아브라함은 소망 너머에서(소망할 수 없는 상황에서) 소망에 근거
하여 "네 후손이 이와 같을 것이라"는 말씀을 따라 많은 민족의
조상이 될 것을 믿었습니다. (창15:5)
19 그래서 자신의 육신이 백세나 되어 이미 쓸모없다는 것과 사
라의 자궁이 무기력하다는 것을 알면서도 그 믿음이 약하여지지
않았습니다.
20 그 결과 하나님의 약속을 믿음 없는 자세로 의심하지 않았고
오히려 믿음은 더 강해졌습니다. 더구나
21 약속하신 것을 행하실 능력이 있을 뿐 아니라 또한 완수하신
다는 것을 확신하면서 하나님께 영광을 돌렸습니다.
22 그러므로 이것이 아브라함에게 의로 인정되었습니다.

23 그런데 그에게 인정되었다는 기록은 아브라함만을 위하여 기
록된 말씀이 아닙니다.
24 또한 의로 여김 받을 우리, 곧 죽은 자 가운데서 우리 주 예수
를 죽음에서 일으키신 분을 믿는 우리를 위한 것이기도 합니다.
25 예수는 우리의 범죄 때문에 넘겨졌으나 우리의 의롭다함을
위하여 다시 일으키심을 받았습니다.

롬5장

1 그런즉 우리가 믿음으로 의롭다함을 얻었으니 우리 주 예수 그
리스도를 통하여 우리는 하나님과 함께 평화를 누릴 수 있습니다.
2 또한 그로 말미암아 우리가 믿음 안에 이미 서 있는 이 은혜 속
으로 들어감(의롭다함)을 믿음으로 얻었고, 그리고 우리는 하나님
의 영광의 소망을 근거로 (이것을) 자랑합니다.
3 이뿐 아니라 환란은 인내를 만드는 줄 알기에 환란 중에도 우리
는 기뻐합니다.
4 인내는 시련을, 시련은 소망을 만들어냅니다.
5 더욱이 이 소망은 부끄럽지 않습니다. 우리에게 허락하신 성령
을 통하여 하나님의 사랑이 우리 마음에 부어졌기 때문입니다.
6 또한 우리가 연약할 때에 그리스도께서 정해진 때를 따라 경건
하지 못한 우리를 위하여 죽으셨습니다.
7 물론 의인을 위하여 죽을 자가 드뭅니다. 선한 자를 위하여 용
감하게 죽는 자가 간혹 있습니다.
8 그러나 우리가 아직 죄인이었을 때 그리스도께서 우리를 위하
여 죽으심으로 하나님께서 우리를 향한 자신의 사랑을 입증하셨
습니다.
9 그런즉 이제 더더욱 그의 피로 의롭다함을 얻은 우리는 그를 통
하여 진노로부터 구원 얻을 것입니다.
10 만일 우리가 원수 되었을 지라도 그분의 아들의 죽음을 통하

여 하나님과 함께 화해되었다면(서로 다름이 혼합되다) 더더욱 화해
된 우리는 아들의 생명 안에서 구원을 얻게 됩니다.
11 뿐만 아니라 또한 이제 우리로 하여금 화해를 얻게 하신 우리
주 예수 그리스도로 말미암아 하나님 안에서 우리는 기뻐합니다.

12 그러므로 한 사람을 통하여 죄가 세상에 들어왔고, 그 죄를 통
하여 사망이 들어 온 것같이 모든 사람이 죄를 범하였기 때문에
사망은 모든 사람을 뚫고 지나갔습니다.
13 율법 이전에도 죄는 세상에 있었습니다만 율법이 없을 때에는
죄를 외상장부에 기록하지 않았습니다.
14 그러나 아담부터 모세까지 그리고 아담의 범죄와 관계없는 자
들 위에도 사망은 왕으로 군림했습니다. 아담은 오실 분의 모형
입니다.

15 그렇지만 하나님의 은혜는 아담의 범죄와 같지 않습니다. 한
사람의 범죄로 많은 사람이 죽었으나, 하나님의 은혜와 한 사람
예수 그리스도의 은혜를 통한 선물은 많은 사람들에게 더더욱 풍
성해 졌습니다.
16 또한 이 선물은 죄를 범한 한 사람으로 인한 것과 같지 않습
니다. 심판은 한 사람으로부터 (출발하여) 정죄에 이르렀고, 은혜는
많은 범죄로부터 (출발하여) 의롭다함에 이르렀습니다.
17 그 한 사람의 범죄로 인하여 사망이 그 한 사람을 통하여 왕으
로 군림하였다면, 더더욱 그 은혜와 의의 선물을 넘치도록 받는

자들은 예수 그리스도 한분을 통하여 생명 안에서 왕으로 군림할
것입니다.

18 그러므로 한 사람의 범죄를 통하여 많은 사람이 결국 정죄에
이른 것처럼 한 사람의 의를 통하여 많은 사람이 면죄되어 생명
에 이른다고 추론할 수 있습니다.
19 따라서 한 사람의 불순종을 통하여 많은 사람이 죄인으로 세
워진 것과 같이, 이처럼 또한 한 사람의 순종을 통하여 많은 사람
이 의인으로 세워지게 될 것입니다.
20 더욱이 율법은 죄를 증가시키려고 슬그머니 들어왔습니다. 그
러나 죄가 증가한 곳에 은혜는 가득차고도 여분으로 남았습니다.
21 때문에 죄가 죽음 안에서 왕 노릇함 같이 그런 방법으로 은혜
또한 의로 말미암아 왕 노릇하여 주 우리 예수 그리스도를 통하
여 영생에 이르게 됩니다.

롬6장

1 그런즉 우리가 무슨 말을 하겠습니까? 은혜를 더 넘치게 하려
고 죄에 머물러야 합니까?
2 전혀 그렇지 않습니다. 죄 때문에 죽은 우리가 어떻게 아직도
그 가운데 살겠습니까?
3 그리스도 예수 안에서 침례를 받은 우리는 또한 그의 죽으심 안
에서 침례를 받았다는 것을 여러분은 알지 못합니까?
4 그러므로 그의 죽으심 안에서 침례를 받음으로 우리는 그와 함
께 무덤에 묻힌 것입니다. 이는 아버지의 영광을 통하여 죽은 자
들로부터 그리스도를 일으키신 것과 똑 같이 또한 우리를 새 생
명으로 살게 하려는 것입니다.
5 따라서 만일 우리가 그의 죽으심의 형태로 연합한 자가 되었다
면 또한 그의 부활의 형태로 연합한 자가 될 것입니다.
6 우리 옛 사람은 십자가와 함께 못 박혔습니다. 이로써 죄의 몸
이 소멸되어 이후부터는 우리가 죄에게 종노릇하지 않는다는 것
을 압니다.
7 (십자가와 함께) 죽은 자는 죄로부터 분리되어 의롭다함을 얻었기
때문입니다.
8 더욱이 우리가 그리스도와 함께 죽었다면 또한 우리는 그와 함
께 살 것을 믿습니다.
9 그리스도는 죽은 자들 가운데서 일으키심을 받은 후 더 이상 죽

지 않으신 것을 우리는 압니다. 따라서 사망은 더 이상 그리스도
에게서 주인노릇을 하지 못합니다.
10 그가 죽으셨다는 것은 죄와 함께 단번에 죽으셨다는 것이며,
그가 살아계신다는 것은 하나님과 함께 살아계신다는 것입니다.
11 이처럼 여러분도 자신을 죄와 함께 참으로 죽은 자요 그러나
우리의 주님이신 예수 그리스도 안에서 하나님과 함께 산 자로
여기십시오(목록에 기록하다).

12 이제 죄가 여러분의 죽을 몸 안에서 여러분을 지배하지 못하
게 하십시오. 몸의 금지된 정욕으로 죄에게 순종하면 안 됩니다.
13 여러분의 지체 또한 죄에게 불법적인 도구로 제공하지도 마시
고 다만 죽음에서 살아난 자처럼 여러분의 지체를 하나님에게 의
의 도구로 제공하십시오.
14 그러면 죄가 여러분을 지배하지 못할 것입니다. 여러분은 법
아래 있지 않고 은혜아래 있기 때문입니다.

15 우리가 법아래 있지 않고 은혜아래 있다고 해서 죄를 지어도
됩니까? 전혀 그렇지 않습니다.
16 여러분 자신을 종으로 제공하여 순종하면 여러분이 순종하는
그 사람의 종이 된다는 것을 알지 못합니까? 죄의 종은 사망에 이
르고 순종의 종은 의로움에 이릅니다.
17 그러나 하나님께 감사함은, 죄의 종이었던 여러분이 전달받은
그 교본대로 마음으로부터 순종하여

18 죄로부터 해방되었고, 지금은 의에게 종이 되었다는 것입니다.
19 여러분의 육신이 연약하여 사람의 방식대로 말합니다. 여러분의 지체를 더러움과 불법에게 종으로 제공하여 불법에 이른 것처럼 이제는 거룩함(성화)에 이르도록 여러분의 지체를 의의 종으로 제공하십시오.
20 여러분이 죄의 종이었던 그 때에는 의에 대하여 자유로운 자였습니다.
21 지금은 여러분이 부끄러워하는 그 일에 대하여 그 때 무슨 열매를 맺었습니까? 진실로 저들의 마지막은 사망입니다.
22 이제 여러분은 죄로부터 해방되었고 그리고 하나님의 종이 되어 거룩함(성화)에 이르는 열매를 맺고 있으니 그 마지막은 영생입니다.
23 진실로 죄의 삯은 사망이요, 하나님의 은사는(선물) 우리 주 예수 그리스도 안에 있는 영생입니다.

롬7장

1 또한 형제들이여, 법을 아는 자들에게 말합니다. 법은 사람이
살아 있을 동안에만 그 사람을 지배한다는 것을 알지 못합니까?
2 그런즉 결혼한 여인은 남편이 살아 있을 동안 법으로 그에게 묶
여있습니다. 그러나 만일 남편이 죽으면 그녀는 남편의 법에서
벗어나게 됩니다.
3 그러므로 남편이 살아 있을 때 만일 그녀가 다른 남자에게로 간
다면 '간음한 여인'이라는 표를 받게 됩니다. 그런데 만일 남편이
죽는다면 그녀는 법에서 면제되어 다른 남자에게 가더라도 간음
한 여인이 아닙니다.
4 이와 같이 내 형제들이여! 여러분도 그리스도의 몸으로 말미암
아 율법과 함께 죽임을 당했기 때문에, 우리는 여러분을 다른 사
람 곧 죽은 자 가운데서 일으키심을 받은 그분에게 소개(중매)할
수 있고, 그러면 우리는 하나님을 위한 열매를 맺게 됩니다.
5 물론 우리가 육신에 있을 때에는 율법을 통한 죄의 정욕들이 우
리 지체 속에서 우리로 하여금 사망의 열매를 맺게 했습니다.
6. 그러나 이제는 우리가 묶여있던 것에서 죽었고 율법으로부터
벗어났습니다. 따라서 우리는 시대에 뒤쳐진 문서가 아니라 영에
속한 새로운 것으로 섬겨야 합니다.

7 그러면 우리가 율법을 죄라고 말해야 합니까? 전혀 그렇지 않

습니다. 사실 율법이 아니었다면 나는 죄를 알지 못했습니다. "탐내지 말라"고 율법이 말하지 않았다면, 나 역시 탐심(금지된 욕망)을 몰랐을 것입니다.
8. 그러나 죄가 계명을 통하여 기회를 붙잡아 내 속에서 온갖 탐심을 일으켰습니다. 법이 없으면 죄는 죽은 것입니다.
9 그러나 율법을 떠나 있을 때에는 내가 살았는데, 계명이 온 후로 죄는 다시 살아나고,
10 나는 죽었습니다. 또한 생명에 이르게 할 계명이 나를 사망에 이르게 한다는 것도 알았습니다.
11 이제 죄가 계명을 통하여 기회를 붙잡아 나를 속이고 그것을 통하여 나를 죽였습니다.
12 율법은 참으로 거룩합니다. 또한 계명도 거룩하고 의롭고 선합니다.

13 그런데 선한 그것이 내게 사망을 가져다주었습니까? 전혀 그렇지 않습니다. 그러나 죄가 죄로 드러나려고, 선한 그것을 통하여 나를 죽음에 이르게 했으니, 이는 계명으로 말미암아 죄가 지극히 죄 되게 하려는 것입니다.
14 물론 우리는 이미 율법이 신령한 줄 압니다. 그러나 나는 죄에게 팔린 육신에 속한 자입니다.
15 정말로 내가 행하는 것을 내가 알지 못합니다. 심지어 내가 원하는 것은 실천하지 않고 내가 싫어하는 것을 행합니다.
16 내가 만일 원치 않는 것을 행한다면 내가 율법의 선함을 시인

하는 것입니다.
17 그러므로 이제는 이것을 행하는 자는 내가 아니라, 다만 내 속
에서 나와 함께 거하는 죄입니다.
18 이제 나는 내 속에, 곧 내 육신 속에 선한 것이 거하지 않음을
압니다. 왜냐하면 의지는 바로 내 가까이에 있으나, 선을 행하는
것은 보지 못했기 때문입니다.
19 심지어 나는 내가 원하는 선한 것을 행하지 않고 도리어 원하
지 않는 나쁜 것을 행하고 있습니다.
20 그런즉 만일 내가 원하지 않는 그것을 행한다면 이것을 행하
는 자는 내가 아니라 내 속에 함께 거하고 있는 죄입니다.

21 그러므로 나는 한 법을 알았습니다. 곧 선한 것을 행하기 원하
는 나에게 악이 가까이 있다는 것입니다.
22 정말로 나는 내 속사람을 따라 하나님의 법을 즐거워합니다.
23 그러나 내 지체 속에 있는 다른 법이 내 마음의 법과 맞서 싸
워 내 지체 속에 있는 죄의 법에게로 나를 포로로 데려오는 것을
내가 보고 있으니,
24 "아 비참합니다. 누가 이 사망의 몸에서 나를 끌어내겠습니까?"
25 우리 주 예수 그리스도로 말미암아 하나님께 감사드립니다.
그러므로 바로 내 자신이 참으로 마음으로는 하나님의 법을, 그
런데 육신으로는 죄의 법을 섬기고 있습니다.

롬8장

1 그렇다면 이제 그리스도 예수 안에 있는 자들(다른 사본에는 '육신
을 따르지 않고 오직 성령을 따라 행하는 자들'이 첨가됨)에게는 결코 유죄
판결은 없습니다.
2 왜냐하면 그리스도 예수 안에 있는 생명에 속한 성령의 법이 죄
와 사망에 속한 법으로부터 당신을(다른 사본에는 나를) 해방했기 때
문입니다.
3 참으로 육신으로 말미암아 연약해진 그 율법으로 할 수 없는 것
을 하나님께서 (하셨으니), 자신의 아들을 죄 많은 육신의 형태로
보내시고 나서 그리고 죄에 대하여 그 육신 위에 죄의 형벌을 선
고하셨습니다.
4 이는 육신을 따르지 않고 오직 영을 따르는 우리에게 율법의 요
구조건을 채우게 하려는 것입니다.
5 그러나 육신을 따르는 자들은 육신의 것들을 생각하고, 영을 따
르는 자들은 신령한 것들을 생각합니다.
6 물론 육신의 생각(사고방식)은 죽음이요, 영의 생각(사고방식)은
생명과 평화입니다.
7 때문에 육신의 생각은 하나님을 대적하는 원수가 되어, 하나님
의 법에 순종하지 않으며, 할 수도 없습니다.
8 더욱이 육신에 있는 자들은 하나님을 기쁘시게 할 수 없습니다.
9 그러나 만일 하나님의 영이 여러분 속에 거하시면 여러분은 육

신에 속해있지 않고 오직 영에 속해있습니다. 누구든지 그리스도
의 영이 없으면 그리스도의 사람이 아닙니다.
10 만일 그리스도께서 여러분 속에 계신다면 참으로 몸은 죄 때
문에 죽은 것이나 영은 의롭다함 때문에 살아있습니다.
11 만일 예수를 죽은 자들로부터 일으키신 분의 영이 여러분 안
에 거하시면, 그리스도를 죽은 자들로부터 일으키신 분께서 또한
여러분 안에 거하시는 그분의 영을 통하여 여러분의 죽을 몸도
살리실 것입니다.

12 따라서 형제들이여 우리는 빚진 자입니다. 그러나 육신에게
빚을 져서 육신을 따르는 자가 아닙니다.
13 육신을 따라 산다면 반드시 죽습니다. 그러나 영으로 몸의 행
실을 죽이면 삽니다.

14 이제 누구든지 하나님의 영으로 인도함을 받는 자들은 하나
님의 아들입니다.
15 여러분은 다시금 두려워하는 종의 영을 받지 않고 양자의 영
을 받았기 때문에 이로써 우리가 "아바 아버지"라고 부릅니다.
16 바로 그 성령께서 우리의 영과 더불어 우리가 하나님의 자녀
인 것을 증거하고 계십니다.
17 더욱이 만일 자녀라면 또한 기업 무를 자, 진실로 하나님의 기
업 무를 자, 즉 그리스도와 함께하는 공동 상속자입니다. 그렇다
면 함께 영광을 받기 위하여 함께 고난도 받아야 할 것입니다.

18 진실로 현재의 고난은 우리에게 전부 드러나게 될 영광에 비
길 수 없다고 나는 생각합니다.

19 그래서 피조물도 하나님의 아들들이 나타나기를 간절히 고대
하고 있습니다.
20 피조물이 헛된 것에 굴복 당했으나 자발적인 것은 아닙니다.
다만 굴복케 하시는 분으로 말미암았습니다.
21 또한 피조물 자신도 하나님의 자녀들의 영광스런 자유에 이르
기 위하여 썩어짐의 종살이에서 해방되기를 고대하고 있습니다.
22 물론 우리는 이제까지 모든 피조물이 함께 신음하며 함께 고
통을 겪고 있다는 것을 압니다.
23 뿐만 아니라 또한 성령의 첫 열매를 소유한 우리도 속으로 신
음하며 입양 곧 몸의 구속(몸값을 내고 풀려남)을 간절히 기다리고
있습니다.
24 왜냐하면 우리는 소망으로 구원 받았기 때문입니다. 보이는
소망은 소망이 아닙니다. 참으로 누가 보는 것을 소망합니까?
25 그러나 우리가 보지 못하는 것을 소망한다면 인내하며 간절히
기다려야 합니다.
26 또한 성령도 이와 같이 우리의 연약함을 도와주십니다. 우리
가 당연히 하나님께 기도해야 할 것을 알지 못할지라도 성령께서
친히 말할 수 없는(표현할 수 없는) 탄식으로 우리를 위하여 중보하
고 계십니다.
27 더욱이 마음을 살피시는 그분은 무엇이 성령의 생각인지 아십니

다. 때문에 성령은 하나님을 따라 성도들을 위하여 간구하십니다.
28 또한 하나님을 사랑하는 자들 곧 그분의 의도대로 부름 받은
자들에게는 모든 것이 선을 위하여 함께 일한다는 것을 우리는
이미 알고 있습니다.
29 왜냐하면 그들을 미리 아셨고, 또한 자신의 아들의 형상의 모
습을 닮도록 미리 결정하셨기 때문입니다. 이는 자신의 아들을
많은 형제 가운데서 맏아들이 되게 하려는 것입니다.
30 이제 예정하신 자들을 부르셨고, 부르신 그들을 의롭다 하셨
고, 의롭다 하신 그들을 또한 영화롭게 하셨습니다.

31 그러므로 이런 일들에 대하여 우리가 무슨 말을 하겠습니까?
하나님께서 우리를 위하신다면, 누가 우리를 반대할 수 있겠습니
까?
32 적어도 자신의 아들을 아낌없이 우리 모든 사람을 위하여 넘
겨주신 하나님께서 또한 어찌 그 아들과 함께 모든 것을 우리에
게 거저 주시지 않겠습니까?
33 하나님의 택하신 자들을 누가 고발하겠습니까? 의롭다하신
분은 하나님이십니다.
34 정죄할 자 누구입니까? 죽으셨으나 살아나신 그리스도는 하
나님 오른편에 계신 분이요, 우리를 위하여 간구하시는 분입니다.
35 누가 우리를 그리스도의 사랑에서 끊을 수 있겠습니까? 환난
입니까? 고통입니까? 핍박입니까? 배고픔입니까? 헐벗음입니
까? 위험입니까? 전쟁입니까?

36 "주님 때문에 온 종일 우리가 죽음에 처해졌고, 제물로 드려질
양과 같은 취급을 받았다"는 성경 말씀과 같습니다. (시44:22)

37 그렇지만 이 모든 일에서 우리를 사랑하신 그 분으로 말미암
아 우리는 넉넉히 이기고 있습니다.
38 그러므로 나는 확신합니다. 죽음도, 생명도, 천사도, 권력도,
능력도, 현재일도, 장래일도,
39 높음도, 깊음도, 다른 어떤 피조물이라도 우리 주 예수 그리스
도 안에 있는 하나님의 사랑에서 우리를 끊을 수 없습니다.

롬9장

1 나는 그리스도 안에서 거짓이 아니라 진실을 말합니다. 내 양
심이 성령 안에서 나와 함께 증거 합니다.
2 내게는 큰 근심과 내 마음에 계속되는 슬픔이 있는데,
3 그것은 육신적으로 내 동포들, 내 형제들을 위하여 바로 내 자
신이 그리스도와 분리되는 저주를 받을지라도 원하는 바입니다.
(10장 1절 참조)
4 저들이 이스라엘 사람인만큼. 저들에게는 양자됨과 영광과 언
약과 율법과 예배와 약속들이 있으며,
5 족장들도 있습니다. 그리고 그리스도는 육신을 따라 저들로부
터 왔습니다. -그분은 만물 위에 계시며 영원까지 찬양받으실 하
나님이십니다. 아멘-

6 그러나 하나님의 그 말씀이 어긋난 것 같지 않습니다. 왜냐하
면 이스라엘에게서 난 자들이 모두 이스라엘은 아닌즉,
7 아브라함의 자녀들 모두가 아브라함의 씨가 아니라, 오직 "이사에
게서 나는 자라야 네 씨라 부를 것이라"하셨기 때문입니다.(창21:12)

8 말하자면 육신의 자녀들이 하나님의 자녀가 아니라 오직 약속
의 자녀들이 씨로 취급받는다는 것입니다.
9 그리고 약속의 말씀은 "내년 이맘때에 내가 돌아올 것인데 사

라에게 아들이 있을 것이라"했습니다. (창18:10)
10 뿐만 아니라 다만 리브가 역시 한 사람에게서 잉태하였는데
우리 조상 이삭입니다.
11 아기를 아직 낳지 않았고 심지어 어떤 선이나 악을 행하지 않
았으나 선택을 따라 하나님의 뜻을 세우시려고,
12 행하는 자가 아니라 오직 부르시는 자로 말미암아 "큰 자가 작
은 자를 섬기리라"고 리브가에게 말씀하셨습니다. (창25:23)
13 기록된 말씀처럼 "내가 야곱을 사랑하고 에서는 미워하였다"
함과 같습니다. (말1:2)

14 그런즉 우리가 무슨 말을 해야겠습니까? 하나님에게 불의가
있는 것은 아닙니까? 전혀 그렇지 않습니다.
15 진실로 하나님은 모세에게 "긍휼히 여길만한 자를 긍휼히 여
기고 자비를 베풀만한 자에게 자비를 베풀 것이라"고 말씀하셨습
니다. (출33:19)

16 그러므로 그것은 원하는 자도 아니요, 빠르게 달리는 자도 아
니요, 오직 긍휼히 여기시는 하나님에 의해서입니다.
17 진실로 성경은 바로에게 말하기를 "어떠하든지 너에게 내 능
력을 드러내고 온 세상에 내 이름을 나타내려고 너를 세웠다"라
고 했습니다. (출9:16)

18 그러므로 하나님은 원하는 자를 긍휼히 여기시고 또한 원하

는 자를 완고하게 하십니다.
19 그러면 당신은 나에게 "어찌하여 하나님께서 여전히 나무라
시는가?" 심지어 "어찌하여 하나님의 뜻에 거역한 것이냐?"라고
말할 것입니다.

20 아 이 사람아! 하나님을 트집 잡아 따져 묻는 당신은 누구입니
까? 아니 빚어진 물건이 만든 자에게 "어찌하여 나를 이같이 만들
었는가?" 라고 감히 말할 수 있습니까? (사29:16)

21 또는 토기장이가 진흙반죽으로 하나는 값비싼 그릇을 다른
하나는 생활용 그릇으로 만들 권한이 없습니까?
22 그러나 만일 하나님께서 진노를 보이시고 자신의 능력을 알게
하셨을 지라도 멸망으로 준비된 진노의 그릇을 심히 오래 참으심
으로 용서하셨다면,
23 그것은 또한 영광을 위하여 미리 예비 된 긍휼의 그릇에 대한
그분의 풍성한 영광을 알게 하시려는 것입니다.
24 그리고 유대인뿐 아니라 이방인 중에서도 우리를 예비 된 그
릇으로 부르셨습니다.
25 이는 호세아 글에서 말하기를 "내 백성이 아닌 자를 내 백성이
라, 사랑받지 못하던 자를 사랑받는 자로 부르리라" 하신 것과 같
습니다. (호2:23)
26 그리고 "너희는 내 백성이 아니라 한 그곳에서 살아계신 하나
님의 아들이라 불릴 것이라" 하셨습니다. (호1:10)

27 또한 이사야는 이스라엘에 관하여 외치기를 "이스라엘의 계
수된 자손들이 바다의 모래더미 같을지라도 남은 자가 구원 얻을
것이라" (사10:22)
28 그리고 "주께서 이 말씀을 땅 위에서 신속하게 이루실 것이라"
하셨습니다.
29 또한 이사야가 미리 내다본 대로 "만일 만군의 주께서 우리에
게 씨를 남겨놓지 않으셨다면 우리가 소돔처럼 되었고 고모라 같
았을 것이라"함과 같습니다. (사1:9)

30 그러므로 우리가 무슨 말을 하겠습니까? 의를 뒤쫓지 않던 이
방인들이 의롭다함을 얻었으니, 곧 믿음에서 비롯한 의롭다함입
니다.
31 그러나 의의 법을 뒤쫓던 이스라엘은 의의 법에 도달하지 못
했습니다.
32 무슨 이유입니까? 믿음이 아니라 행위 즉 율법 때문입니다. 진
실로 그들은 걸림돌에 걸려 넘어졌습니다.
33 기록된바 "보라 내가 시온에 걸려 넘어지게 하는 돌과 거치는
반석을 두노니 그를 믿는 자는 누구든지 수치를 당하지 않으리
라" 함과 같습니다. (사8:14)

롬10장

1 형제들이여 참으로 내 마음에 있는 소원과 그리고 하나님을 향
한 간구는 이스라엘이 구원에 이르는 것입니다.
2 나는 증언합니다. 그들에게 하나님에 대한 열정이 있으나, 그것
은 온전한 지식에 의한 것이 아닙니다.
3 왜냐하면 하나님의 의를 모른 채 자신의 의를 열심히 세우려고
하나님의 의에 순종하지 않았기 때문입니다.
4 그리스도는 진실로 믿는 모든 자에게 의롭다함을 위하여 율법
의 마침표가 되셨습니다.
5 그러나 진실로 모세는 율법에 의한 의에 대하여 이렇게 기록하
고 있습니다. "율법을 지키는 자는 그것으로 살리라"(레18:5)

6 그런데 믿음에서 비롯한 의롭다함은 "누가 하늘로 올라갈 것이
냐?라고 마음속으로 말하지 말라"고 합니다. 그것은 그리스도를
끌고 내려가는 것입니다. (신30:12)
7 또는 "누가 무저갱으로 내려가겠느냐? 라고 말하지 말라"고 합
니다. 그것은 그리스도를 죽은 자에게서 다시 데려오는 것입니다.
(신30:13)
8. 그렇지만 "그 말씀이 네 가까이에 있고, 네 입에 있고, 그리고
네 마음에 있느니라"는 (신30:14) 것은 무엇을 말합니까? 이것이
우리가 전하고 있는 믿음의 말씀입니다.

9 만일 입으로 예수를 주님으로 고백하고 그리고 하나님께서 그
를 죽은 자 가운데서 살리신 것을 마음으로 믿으면 구원을 얻을
것입니다.
10 왜냐하면 마음으로 믿어져야 의롭다함에 이르고, 입으로 고백
되어야 구원에 이르기 때문입니다.
11 진실로 성경은 "누구든지 그를 믿는 자는 부끄러움을 당하지
않으리라"고 말합니다. (사28:16)
12 실로 유대인과 헬라인 사이에 차별이 없습니다. 모든 사람에
게 동일한 주님이신 그분은 (호소하기 위하여) 자신의 이름을 부르는
모든 사람에게 부요하십니다.

13 그러므로 누구든지 주의 이름을 부르는 자는 구원받을 것입
니다. (욜2:32)

14 따라서 그들이 믿지 않는 자를 어떻게 부를 수 있겠습니까?
그리고 듣지 못한 이를 어떻게 믿을 수 있겠습니까? 더욱이 전하
는 자 없이 어떻게 들을 수 있겠습니까?
15 "평화의 소식을 전하는 자의 발, 곧 좋은 소식을 전하는 자들
의 발이 어찌 그리 아름다운지요." 라는 말씀대로, 보냄을 받지 않
고서 어떻게 전할 수 있겠습니까? (사52:7)

16 그러나 그들 모두가 복음에 순종한 것은 아닙니다. 진실로 이
사야는 "주님! 우리가 들은 것에 대하여 누가 믿었습니까?"라고

말합니다. (사53:1)
17 그러므로 믿음은 들음에서 비롯합니다. 그리고 들음은 하나님
의(다른 사본에는 그리스도) 말씀(또는 명령)을 통해서입니다.
18 그렇지만 나는 말합니다. 그들이 듣지 못했습니까? 진정 아닙
니다. 전하는 자들의 분명한 소리가 온 땅에 퍼져나갔습니다. 그
말씀(명령)은 땅 끝까지 퍼져나갔습니다.
19 그렇지만 나는 말합니다. 이스라엘, 그가 알지 못했습니까?
(아닙니다) 가장 먼저 모세는 "내가 너희를 백성 아닌 자 때문에 질
투하게 하리라, 어리석은 이방민족 때문에 너희를 화나게 하리
라"고 했습니다. (신32:21)

20 그리고 이사야는 "나를 찾지 않던 자들에게 내가 만나주었고,
내게 묻지 않는 자들에게 공공연하게 나타냈다."고 담대하게 말
합니다. (사65:1)
21 그러나 이스라엘을 향하여는 "불순종하며 반대하는 백성들에
게 종일토록 내 손을 내밀었다"고 말합니다. (사65:2)

롬11장

1 그러므로 나는 말합니다. 하나님께서 당신의 백성을 버리셨습
니까? 전혀 그렇지 않습니다. 나 역시 이스라엘 사람으로서 아브
라함의 후손이요 베냐민지파 출신입니다.
2 하나님은 미리 아신 당신의 백성을 버리지 않으셨습니다. 여러
분은 성경에서 엘리야를 통하여 말씀하신 것을 또한 알고 있지
않습니까? 그는 이스라엘에 대하여 하나님께 호소하기를
3 "주님 그들이 당신의 선지자들을 죽이고 당신의 제단들을 파괴
하는 가운데 저만 살아남았습니다. 그들이 내 목숨을 찾고 있나
이다."라고 했습니다. (왕상19:10)
4 그러나 하나님은 뭐라고 대답하셨습니까? "내가 나를 위하여
바알에게 무릎을 굽히지 않은 칠천 명을 남겨두었다"고 하셨습니
다. (왕상19:18)
5 그러므로 이 시대에도 이와 같이 은혜로 택함을 받은 남은 자가
있습니다.
6 더욱이 이것이 은혜로 되었다면 더 이상 행위에 의한 것이 아닙
니다. 그렇지 않으면 은혜는 더 이상 은혜가 아닙니다. (만일 행위에
의한 것이라면 더 이상 은혜가 아닙니다. 그렇지 않으면 그 행위도 더 이상 행위
가 아닙니다.)
7 그러면 무엇입니까? 이스라엘은 간절히 원하는 그것을 얻지 못
하고 택함 받은 자는 얻었습니다. 더욱이 그 나머지 사람들은 돌

같이 되었습니다.
8 기록되기를 "하나님께서 오늘날까지 그들에게 통증으로 마비
된 영과 보지 못하는 눈과 듣지 못하는 귀를 주셨다" 함과 같습니
다. (사29:10)
9 그리고 다윗은 "그들의 식탁이 올가미가 되게 하시고 덫이 되
게 하시고 함정이 되게 하시고 그들에게 되갚음이 되게 하시고
(시69:22)
10 그들의 눈이 어둡게 되어 보지 못하고 그들의 등은 계속해서
굽어있게 하소서"라고 말했습니다.

11 그러므로 나는 말합니다. 이스라엘이 발을 잘못 디뎠으나 무
너져 내렸습니까? 전혀 그렇지 않습니다. 그러나 그들의 잘못으
로 인하여 그들에게 질투를 일으키려고 구원이 이방인에게로 (갔
습니다).
12 그런데 만일 이스라엘의 실수가 세상의 복이 되고 이스라엘의
실패가 이방인들에게 복이 되었다면 이스라엘의 온전함은 더더
욱 축복이 되었을 것입니다.

13 그러므로 나는 이방인인 여러분들에게 말합니다. 참으로 나
는 이방인의 사도인 만큼, 내 직분을 찬양합니다.
14 여하튼 내 민족을 질투 나게 한다면 저들 중에서 어떤 이들은
구원을 얻게 될 것입니다.
15 만일 그들을 버리심이 세상의 회복이라면 그들을 받아들이심

은 무엇이겠습니까? 죽은 자가 다시 사는 것 아니겠습니까?
16 첫 열매가 거룩함으로 반죽 덩어리도 거룩합니다. 또한 뿌리
가 거룩함으로 가지도 거룩합니다.

17 더욱이 올리브 가지 일부가 꺾여 야생 올리브인 당신이 그 곳
에 접붙여져 올리브 뿌리와 그 기름짐을 함께 공유하게 되었다
면,
18 다른 가지들에게 뽐내지 않아야 합니다. 뽐낼지라도 당신이
그 뿌리를 지탱하는 것이 아니라 뿌리가 당신을 지탱하는 것입니
다.
19 그러면 당신은 '그 가지를 꺾은 것은 나를 접붙이려는 것'이라
고 말할 것입니다.
20 좋습니다. 그들은 믿지 않아 잘리고, 당신은 그래서 믿음으로
섰습니다. 그렇기 때문에 거만하지 말고 두려워하십시오.
21 하나님께서 본래의 가지도 아끼지 않으셨다면 아마 당신도 아
끼지 않을 것입니다
22 그러므로 보십시오, 하나님의 자비와 준엄하심을. 참으로 넘
어진 자들에게는 준엄함이, 그러나 만일 당신이 그분의 자비에
거하였다면 당신에게는 자비가 (있을 것입니다.) 그렇지 않으면 당신
도 베어버려질 것입니다.
23 그러나 저들도 만일 불순종에 계속 머물지만 않는다면 접붙임
을 받게 될 것입니다. 하나님에게는 그들을 다시 접붙일 능력이
있기 때문입니다

24 만일 당신이 본래 야생올리브로부터 잘려져 반대로 좋은 올리
브 나무에 접목되었다면 본래의 가지였던 이 사람들은 자신의 올
리브나무에 더욱더 쉽게 접목될 것입니다.

25 그러므로 형제들이여, 여러분 스스로 자만하지 않도록, 나는
여러분이 이 비밀을 반드시 알기를 바랍니다. 이는 그 충만함에
이방인이 들어오기까지 이스라엘의 일부가 떨어져나가 돌같이
된 것과,
26 또한 같은 방법으로 모든 이스라엘이 구원을 얻게 되리라는
것입니다. 기록되기를 "구원하는 자가 시온에서부터 도착할 것이
요, 그가 야곱을 사악함에서 돌아서게 할 것이라.
27 이는 내가 저들의 죄를 베어버릴 때까지 내가 저들에게 일러
줄 언약이라."함과 같습니다. (사59:20,21)
28 물론 복음에 따르면 여러분 때문에 그들은 (하나님의) 원수요,
그러나 선택에 따르면 그 조상들 때문에 (하나님의) 사랑받는 자입
니다.
29 왜냐하면 하나님의 은사와 부르심은 취소할 수 없기 때문입니
다.
30 진실로 전에는 여러분도 비록 하나님께 불순종하였으나 이제
는 이스라엘의 불순종으로 여러분은 긍휼을 얻었습니다.
31 이와 같이 이제 불순종하는 이스라엘사람들도 여러분에게 속
한 그 긍휼로 인하여 결국 그들도 긍휼을 얻게 될 것입니다.
32 진실로 하나님께서 그 모든 사람을 불순종 속으로 가두셨습니

다. 이는 그들 모두에게 긍휼을 베풀기 위함입니다.

33 아 깊도다! 하나님의 지식과 지혜의 부요함이여! 그분의 심판
은 측량할 수 없고 또한 그분의 길도 추적할 수 없구나.

34 심지어 누가 주의 마음을 알겠습니까? 혹은 누가 그분의 모사
가 되겠습니까? (사40:13)
35 누가 그분께 다른 사람보다 먼저 드리고 그분에게서 보답을
받겠습니까? (욥41:11)
36 실로 모든 것은 그분에게서 나오고, 그분으로 말미암고 그리
고 그분에게로 향합니다. 영광이 그분에게 영원히 (있을 지어다.) 아
멘.

롬12장

1 그러므로 형제들이여 하나님의 자비하심으로 부탁합니다. 여러분의 몸을 하나님이 받으실 만한 거룩한 살아있는 희생 제물로 드리십시오. 이것이 여러분의 합리적인 예배입니다.

2 그리하여 하나님의 선하시고 받으실 만하고 완전하신 뜻이 무엇인지 구별하기 위하여 이 시대와 비슷하게 꾸미지 마시고, 오히려 생각을 바꾸어 변화되십시오.

3 이제 내게 주신 은혜로 말미암아 여러분 가운데 있는 모든 사람에게 말합니다. 마땅히 생각하는 것 이상으로 자신을 과대평가하지 말고, 하나님께서 각 사람에게 믿음의 분량을 나누어주신 만큼 합리적으로 생각하시기 바랍니다.

4 왜냐하면 우리 한 몸에 많은 지체가 있어도 모든 지체가 동일한 기능이 아닌 것처럼

5 이와 같이 우리도 많은 사람이 그리스도 안에서 한 몸이 되어, 각 사람이 서로 지체가 되었기 때문입니다.

6 그런데 우리에게 주어진 은혜에 따라 우리가 받은 은사는 서로 다르지만 뛰어납니다. 그래서 예언하는 자는 믿음의 분량대로,

7 직분자는 섬김으로, 교사는 가르침으로,

8 상담자는 용기를 북돋는 일로, 구제하는 자는 관대함으로, 앞에 서는 자는 부지런함으로, 자선을 베푸는 자는 즐거움으로 하십시오.

9 사랑은 가면을 쓰지 않습니다. 악한 것을 미워하시고, 선한 것
에 착 달라붙으십시오.
10 형제들과는 서로 먼저 존경하며 우애하십시오.
11 게으르지 말고 부지런하여, 성령으로 뜨거워지십시오, 기회
있을 때 (주님을) 섬기십시오.
12 소망 중에 기뻐하십시오. 핍박 중에 꿋꿋하십시오. 기도에 결
연하십시오.
13 성도들의 필요에 동참하십시오. 즐겁게 접대하십시오.
14 핍박하는 자들을 축복하십시오. 축복하고, 저주하지 마십시
오.
15 기뻐하는 자와 함께 기뻐하고 우는 자와 함께 우십시오.
16 서로를 향하여 같은 생각을 가지고 높은 곳에 관심을 두지 말고
낮은 자들과 함께 하십시오, 스스로 지혜 있는 척하지 마십시오.
17 아무에게도 악을 악으로 갚지 마시고, 모든 사람에게 보다 나
은 것을 공급하십시오.
18 할 수 있다면 모든 사람과 평화롭게 지내십시오.
19 사랑하는 형제들이여! 복수하지 말고 분노의 지점을 넘겨주
십시오. 왜냐하면 "복수는 내 것이니 내가 갚을 것이라"고 주께서
말씀하셨기 때문입니다. (신32:35)
20 그러므로 만일 원수가 배고프면 먹을 것과 마실 것을 주십시
오. 그렇게 함으로 원수의 머리 위에 숯불을 올려놓는 격이 될 것
입니다. (잠25:21,22)
21 악이 승리하지 못하도록 오직 선으로 악을 이기십시오.

롬13장

1 모든 사람은 위에 있는 군주에게 순종하십시오. 왜냐하면 하나
님께로부터 나오지 않은 군주는 없으며, 군주는 하나님에 의하여
정해지기 때문입니다.
2 그런즉 그 군주에 반대하는 자는 하나님의 질서를 반대하는 것
이요, 따라서 반대하는 자는 심판을 자초하게 될 것입니다.
3 통치자들은 참으로 선을 행하는 자가 아니라 오직 악을 행하는
자에게 두려움이 됩니다. 당신은 군주를 두려워하지 않기를 원합
니까? 선을 행하십시오. 그러면 그에게 칭찬을 받을 것입니다.
4 진실로 그는 당신에게 선한 일을 위한 하나님의 일꾼입니다. 그
러나 만일 당신이 악을 행하고 있다면 두려워하십시오. 그가 이
유 없이 칼을 가지고 있는 게 아닙니다. 참으로 그는 하나님의 일
꾼이요, 악을 행하는 자에게 진노하는 징벌자입니다.
5 그러므로 반드시 따라야 합니다. 단지 징벌 때문이 아니라 오직
양심 때문입니다.
6 이런 이유로 여러분들은 세금을 내고 있으며, 그들은 이런 일을
성실하게 수행하는 하나님의 공인입니다.
7 그러므로 여러분은 모든 의무를 실행해야 합니다. 조세 받을 자
에게 조세를, 관세 받을 자에게 관세를, 두려워할 자를 두려워하
고, 존경할 자를 존경하십시오.

8 서로 사랑하는 것 외에는 누구에게도 아무런 빚을 지지 마시십
시오. 진실로 다른 사람을 사랑하는(귀하게 여기는) 자는 율법을 완
성한 것입니다.
9 "간음하지 말라, 살인하지 말라, 도둑질하지 말라, 거짓증언하
지 말라, 탐내지 말라" 그리고 그 밖의 다른 계명도 있으나 "네 이
웃을 그대처럼 사랑하라"는 이 말씀으로 요약됩니다. (출20:13-15,
레19:18)
10. 사랑은 이웃에게 악을 행하지 않습니다. 그런즉 사랑은 율법
의 완성입니다.

11 또한 여러분은 이 시기를 압니다. 벌써 우리는 잠에서 깰 때가
되었습니다. 이제 우리의 구원은 믿음을 가졌을 때보다 더 다가
왔습니다.
12 밤은 깊어가고 낮이 다가왔습니다. 그런즉 어둠의 일을 버리
고 빛의 갑옷을 입으십시오.
13 낮에 생활하는 것처럼 예의바르게 처신하십시오, 술에 취하여
떠들지 마십시오, 음란한 이중생활을 하지 마십시오, 다투거나 질
투하지 마십시오.
14 오직 주 예수 그리스도를 옷으로 입으시고, 금지된 정욕을 위
하여 육신을 도모하지 마십시오.

롬14장

1 믿음이 연약한 자를 용납하십시오. 그러나 그들의 합리적인 의심을 반대하지 마십시오.

2. 어떤 사람은 믿음으로 모든 것을 먹습니다. 그런데 채소만 먹는 연약한 사람도 있습니다.

3. 먹는 자는 먹지 않는 자를 무시하지 마십시오. 또한 먹지 않는 자는 먹는 자를 고발하지 마십시오. 참으로 하나님께서 그를 용납하셨습니다.

4. 당신이 누구이기에 남의 하인을 비난합니까? 그가 서있든지 넘어지든지 그 주인의 소관입니다. 그를 세우는 것은 하나님이시기 때문에 그는 세움 받을 수 있습니다.

5. 심지어 어떤 사람은 한 날을 다른 날과 다르게 여깁니다. 또 어떤 사람은 날들이 모두 같다고 여깁니다. 그러나 각기 자신의 마음속에만 간직하십시오.

6. 그 날을 귀하게 여기는 자는 주님을 귀하게 여기는 것입니다. 그 날을 귀하게 여기지 않는다고 그가 주님에게 소홀한 것은 아닙니다. 먹는 자도 참으로 주님을 위하여 먹으며 하나님께 감사드립니다. 먹지 않는 자도 주님을 위하여 먹지 않으며 하나님께 감사드립니다.

7. 진실로 우리 가운데 자신을 위하여 사는 자가 없고 또한 자기를 위하여 죽는 자도 없습니다.

8. 우리는 살아도 주님을 위해 살고 또한 죽어도 주님을 위하여 죽습니다.
9. 이 때문에 참으로 그리스도께서 죽으셨고 일어나셨고 다시 살아나셨습니다. 이는 죽은 자들과 산 자들을 통치하기 위함입니다.
10. 그런데 당신은 어찌하여 형제를 비난합니까? 어찌하여 형제를 무시합니까? 진실로 우리 모두는 그리스도의 재판자리에 서게 될 것입니다.
11. 성경에 "주께서 말씀하시기를 내가 살아있으니 모든 무릎이 내게 꿇겠고, 모든 혀가 하나님께 고백하리라" 고 기록되어있습니다. (사45:23)

12. 그러므로 우리 각 사람은 자신에 관하여 하나님께 직고할 것입니다.

13. 따라서 우리는 더 이상 서로를 비난하지 맙시다. 도리어 형제 앞에 거침돌이나 올가미를 두지 않겠다고 결단하십시오.
14. 내가 주 예수 안에서 알고 또한 확신하는 것은 본래 더러운 것은 전혀 없으며 다만 어떤 것을 더럽다고 생각하는 그 사람에게만 더럽다는 것입니다.
15. 더욱이 형제가 음식문제로 고통을 당하고 있다면 더 이상 사랑을 따라 행하는 것이 아닙니다. 음식문제로 그 사람에게 상처를 주지 마십시오. 그리스도께서 그를 위하여 죽으셨습니다.
16. 그런즉 여러분의 그 좋은 것이 조롱당하지 않게 하십시오.

17. 진실로 하나님의 나라는 먹는 것과 마시는 것이 아니라 성령 안에서 의와 평화와 (은은한) 기쁨입니다.
18. 이것들로 인하여 그리스도를 섬기는 자는 하나님에게 큰 기쁨이 되고 또한 사람들에게 인정을 받게 됩니다.
19. 그러므로 다시 하나 되는 것과 서로를 세워주는 것을 추구합시다.
20. 음식 때문에 하나님의 일을 뒤엎지 마십시오. 참으로 모든 것이 깨끗합니다. 그럼에도 불구하고 꺼림칙하게 먹는 사람에게는 해가 됩니다.
21. 고기도 먹지 말고 포도주도 마시지 말고 형제를 치는 일 즉 걸려 넘어지게 하거나 병들게 하지 않는 것이 좋습니다.
22. 본래 당신이 가지고 있는 확신을 하나님 앞에서도 그대로 가지고 계십시오. 자신이 옳다고 입증한 것으로 자신을 비난하지 않는 사람이 복됩니다.
23. 그러나 의심하는 자가 만일 악한 말을 한다면 믿음에서 나온 것이 아닙니다. 믿음에 의한 것이 아니면 모두 죄입니다.

롬15장

1 그런즉 우리 힘 있는 자가 힘없는 자의 연약함을 지탱해 주며
또한 자기 자신을 기쁘게 하지 않아야 할 의무가 있습니다.
2 그러므로 우리 각 사람은 세우려는 선한 목적을 위하여 이웃을
기쁘게 해야 합니다.
3 진실로 그리스도는 자신을 기쁘게 하지 않았습니다. 오직 기록
되기를 "주를 조롱하는 자들의 조롱이 나를 덮쳤나이다."함과 같
습니다. (시69:9)
4 전에 기록된 말씀은 무엇이든지 우리의 교훈을 위하여 기록되
었습니다. 이는 성경에 있는 인내와 위로를 통하여 우리로 하여
금 소망을 갖게 하려는 것입니다.
5 더욱이 인내와 위로의 하나님께서 여러분에게 그리스도 예수
를 따라 서로에게 관심을 기울이게 하심으로
6 여러분이 한마음 한 입으로 하나님 곧 우리 주 예수 그리스도의
아버지께 영광 돌리기를 원합니다.

7 그러므로 그리스도께서 하나님의 영광을 위하여 우리를 용납
하신 것과 같이 여러분도 서로를 용납하십시오.
8 또한 나는 말합니다. 예수 그리스도로 하여금 하나님의 진리를
위하여 즉 조상들과 맺은 언약을 확증하기 위하여 할례민족의 일
꾼 되게 하셨고,

9 게다가 긍휼하심으로 인하여 이방인들로 하여금 하나님을 영
광스럽게 하셨습니다. 기록되기를 "그러므로 이방민족 중에서 내
가 주께 감사드리며, 또한 주의 이름을 찬송하리라"함과 같습니
다.(삼하22:50)
10 또 다시 "열방들아 주의 백성과 함께 즐거워하라" 하셨고 (신
32:43)
11 또 다시 "너희 모든 열방들은 주를 찬양하라, 모든 백성들아
박수치며 그분을 찬양하라" 하셨으며 (시117:1)
12 또 다시 이사야는 "이새의 뿌리에서 열방을 다스리는 자가 일
어날 것인즉 열방이 그에게 소망을 두리라." 하였습니다.(사11:10)
13 이제 소망의 하나님께서 여러분에게 그 믿음 안에서 모든 (은
은한)기쁨과 평화로 가득 채워주시되, 여러분으로 하여금 성령의
능력으로 그 소망 안에서 더욱 풍성하기를 원합니다.

14 **내** 형제들이여 여러분이 선한 행실로 가득하고 모든 지식으
로 충만하여 능히 서로를 권면하게 되리라 확신합니다.
15 그러나 형제들이여 하나님께서 내게 주신 은혜로 인하여 여러
분으로 하여금 다시 생각나도록 부분적으로 조금 심한 말을 했습
니다.
16 이것을 위하여 나로 하여금 이방인들을 위한 예수 그리스도의
일꾼이 되게 하심은 하나님의 복음을 제사장처럼 섬기게 하여,
이미 성령 안에서 거룩하게 된 이방인들을 희생 제물로 드리게
하려는 것입니다.

17 그러므로 내게는 그리스도 예수 안에서 하나님의 일과 관련하
여 자랑거리가 있습니다.
18 물론 나는 그리스도께서 나를 통하여 이방인들로 하여금 순종
하도록 말과 행실로, 표적과 징조의 능력으로, 성령의 능력으로
성취하신 것 외에는 어떤 것도 감히 말하지 않겠습니다.
19 나는 예루살렘부터 일루리곤까지 온 사방에 그리스도의 복음
을 가득 채우려는 목적으로,
20 또한 이와 같이 그리스도의 이름을 부르는 곳이라면 명예를
걸고 그곳에 복음을 전하지 않았습니다. 이는 다른 사람의 터 위
에 집을 짓지 않으려했기 때문입니다.
21 기록되기를 "주님에 관한 소식을 모르는 자들이 볼 것이며, 또
한 듣지 못한 자들이 이해할 것이라" 함과 같습니다. (사52:15)

22 이러한 이유로 여러분에게로 가려했으나 여러 번 막혔습니다.
23 더욱이 이제 이 지역에서는 더 이상 갈 곳이 없을뿐더러 또한
여러해 전부터 여러분에게 가려는 마음이 있었기에,
24 확실하지는 않지만 스페인까지 횡단하게 된다면 그때 여러분
에게 가려고 합니다. 지나는 길에 여러분을 보고 또한 여러분과
먼저 부족한 교제를 채운 후에 여러분이 언제든지 나를 그곳으로
보내주었으면 합니다.
25 그러나 지금 나는 성도들을 돌보기 위하여 예루살렘으로 갑니다.
26 마케도니아와 아가야 성도들이 예루살렘 성도들 중 가난한 자
들을 위하여 얼마를 기꺼이 헌금했기 때문입니다.

27 그들은 기쁨으로 동참했습니다. 참으로 그들은 예루살렘 성도
들로부터 영적인 빚을 졌습니다. 그래서 육신적인 것으로 저들을
섬기는 것이 마땅합니다.
28 그런즉 이 일을 마치고, 그들에게 이 열매를 공증한 후에 여러
분을 지나 직접 스페인으로 갈 것입니다.
29 더욱이 여러분에게로 갈 때에 그리스도의 복음의 충만한 축복
으로 가게 될 줄로 확신합니다.

30 그러므로 형제들이여 주 우리 예수 그리스도와 성령의 사랑
으로 말미암아 여러분에게 부탁합니다. 나와 힘을 같이하여 나를
위하여 하나님께 기도해 주십시오.
31 유대 지역의 불순종하는 자들로부터 건짐을 받을 수 있도록,
그리고 예루살렘 성도들에게 헌금을 전달할 때 그들이 기쁨으로
받아들일 수 있도록,
32 그리고 하나님의 뜻 가운데 기쁨으로 여러분에게 갈수 있도
록, 또한 여러분과 함께 재충전할 수 있도록 (기도해 주십시오.)
33 이제 평화의 하나님께서 여러분 모두에게 함께 (할지어다.) 아멘.

롬16장

1 겐그레아 교회의 집사로 봉사하는 우리 자매 뵈뵈를 소개합니다.
2 주님 안에서 성도에 합당한 환대를 해주시고 그녀의 필요에 따
라 여러분에게 있는 것으로 채워 주십시오. 참으로 그녀는 여러
사람과 또한 나의 후원자였습니다.

3 그리스도 예수 안에서 내 동역자, 브리스길라와 아굴라에게 문
안하십시오.
4 내 목숨을 위하여 자신들의 생명을 내놓은 사람들입니다. 나뿐
아니라 모든 이방인교회도 그들에게 감사하고 있습니다.
5 또한 그들의 가정교회와도 문안하십시오. 내 사랑하는 에배네
도와 문안하십시오, 그는 아가야에서 그리스도에게 드려진 첫 열
매입니다.
6 우리를 위하여 정말 많이 수고한 마리아와 문안하십시오.
7 내 친척이요 함께 투옥됐던 안드로니고와 유니아에게 문안하
십시오. 다른 사도들도 주목하는 자들입니다. 또한 나보다 앞서
그리스도 안에 있는 자들입니다.
8 주 안에서 내 사랑하는 암블리아와 문안하십시오.
9 그리스도 안에서 우리의 동역자인 우르바노와 내 사랑하는 스
다구에게 문안하십시오.
10 그리스도 안에서 연단받은 에벨레에게 문안하십시오. 아리스

도불로 사람들에게 문안하십시오.
11 내 친척 헤로디온과 문안하십시오. 주 안에 있는 나깃수 사람
들에게 문안하십시오.
12 주 안에서 열심히 봉사하는 드로배나와 드로보사에게 문안하
십시오. 사랑하는 버시에게 문안하십시오. 그녀는 주 안에서 정말
열심히 봉사했습니다.
13 주 안에서 택함받은 루포와 그의 어머니에게 문안하십시오.
내 어머니입니다.
14 아순그리도, 블레곤, 허마, 바드로바, 허메, 그리고 그들과 함
께 있는 형제들에게 문안하십시오.
15 빌롤로고와 율리아, 네레오와 그의 자매, 올롬바, 그리고 그들
과 함께 있는 모든 성도들에게 문안하십시오.

16 여러분은 서로에게 거룩한 형제사랑으로 문안하십시오. 그리
스도의 모든 교회가 여러분에게 문안합니다.

17 형제들이여! 또한 권면합니다. 여러분이 배운 교훈을 거슬러
소란을 피우거나 죄를 짓게 하는 자들을 주목하고 그들을 멀리하
십시오.
18 이런 자들은 주 우리 예수 그리스도를 섬기지 않고 반대로 자
기 배를 섬깁니다. 그리고 유창한 연설과 칭찬으로 순진한 자들
의 마음을 현혹합니다.
19 그러나 여러분의 순종은 모든 사람에게 퍼졌습니다. 그래서

나는 기뻐합니다. 더욱이 선한 것에는 참으로 지혜롭고 악한 것
에는 단순하기를 원합니다.
20 평화의 하나님께서 사탄을 속히 여러분 발아래에서 산산조각
낼 것입니다. 주 우리 예수 그리스도의 은혜가 여러분들과 함께
(있을 지어다.)

21 나의 동역자 디모데, 누기오와 야손과 나의 친척 소시바더가
여러분에게 문안합니다.
22 주 안에서 이 편지를 대필하는 나 더디오가 여러분에게 문안
합니다.
23 나와 온 교회를 대접하는 가이오도 여러분에게 문안합니다.
이 도시의 총독 에라스도와 형제 구아도가 여러분 모두에게 문안
합니다.

24 (없음) (다른 사본에는, 주 우리 예수 그리스도의 은혜가 여러분 모두에게
함께 있을 지어다. 아멘)

25 (이제는 내 복음 곧 예수 그리스도에 대한 복음 선포를 따라
여러분을 능히 견고하게 하실 이에게,
–(이 복음은) 영원 전부터 침묵하던 비밀의 계시(밝히 드러남)를 따라
26 선지자들의 글을 통하여 지금 명백하게 드러난 후, 영원하신
하나님의 칙령(왕의 명령)을 따라 믿어 순종케 하려고 모든 민족에
게 알려졌습니다.-
27 홀로 지혜로우신 하나님께 예수 그리스도를 통하여 영광이 영
원할 지어다. 아멘)

고린도전서

고전1장

1 하나님의 뜻으로 말미암아 예수 그리스도의 사도로 부름 받은
바울과 형제 소스데네는
2 고린도에 있는 하나님의 교회, 곧 예수 그리스도 안에서 구별되
어 성도로 부름 받은 자들과, 더불어 각처에서 주 우리 예수 그리
스도의 이름을 부르는 모든 자들에게 (편지를 보냅니다.) -예수 그리
스도는 저들과 우리의 주님이십니다.-
3 하나님 우리 아버지와 주 예수 그리스도로부터 은혜와 평화가
여러분에게 (있을 지어다.)

4 그리스도 예수 안에서 여러분에게 주신 하나님의 은혜로 인하
여 나는 여러분을 위하여 내 하나님께 늘 감사드립니다.
5 왜냐하면 여러분은 모든 면에서 즉 모든 말과 지식에 있어서 하
나님의 도우심으로 풍성해졌고,
6 여러분 속에서 그리스도에 관한 증거가 확고해진 만큼
7 여러분은 한 사람도 은사에 부족함 없이 주 우리 예수 그리스도
의 나타나심을 간절히 기다리고 있기 때문입니다
8 그러므로 주님께서 주 우리 예수 그리스도의 날에 여러분을 흠
잡을 데 없는 자들로 끝까지 확고하게 하실 것입니다.
9 신실하신 하나님께서 그분의 아들 예수 그리스도 우리 주님과
긴밀한 교제를 나누도록 주님을 통하여 여러분을 부르셨습니다.

10 그러나 형제들이여, 주 우리 예수 그리스도의 이름으로 부탁
합니다. 모두 같은 말을 하십시오. 여러분 가운데 나누어짐 없이
같은 마음과 같은 견해가 되도록 하십시오.
11 내 형제들이여, 글로에 자매로부터 여러분 가운데 다툼이 있
다는 것을 알게 되었습니다.
12 여러분은 각기 "나는 바울소속이요, 나는 아볼로소속이요, 나
는 게바소속이요, 나는 그리스도소속이요."라고 말하니, 나도 한
마디 하겠습니다.
13 그리스도께서 나뉘어졌습니까? 아니 바울이 여러분을 위하여
십자가에 못 박혔습니까? 그렇지 않으면 바울의 이름으로 여러분
이 침례를 받았습니까?
14 내가 그리스보와 가이오 외에는 여러분 가운데 아무에게도 침
례를 주지 않은 것에 대하여 하나님께 감사드립니다.
15 따라서 누구도 내 이름으로 침례를 받았다고 말하지 못할 것
입니다.
16 나로서는 스데바나 가족에게 침례를 주었고, 이후로는 다른
누구에게 침례를 주었는지 알지 못합니다.
17 진실로 그리스도께서는 침례가 아니라 오직 오직 복음을 전하
라고 나를 보내셨습니다. 나는 그리스도의 십자가를 빼앗기지 않
으려고 탁월한 말재주로 (복음을)전하지 않았습니다.

18 참으로 십자가의 로고스(예수님)가 멸망하는 자들에게는 어리
석으나, 구원받는 우리에게는 하나님의 능력입니다.

19 기록되기를 "내가 지혜 있는 자들의 지혜를 쓸모없게 만들고
총명한 자들의 총명을 무효화하리라" 하였습니다. (사29:14)
20 지혜 있는 자가 어디에 있습니까? 전문가가 어디에 있습니까?
이 시대의 논객이 어디에 있습니까? 하나님께서 이 세상의 지혜
를 정녕 어리석게 만드신 것 아닙니까?
21 하나님의 지혜에 관한한 세상이 (자기) 지혜를 통하여 하나님
을 알지 못하였기 때문에, 하나님께서는 복음 선포라는 미련한
것을 통하여 믿는 자들을 구원하시기를 기뻐하셨습니다.
22 유대인들은 표적을 요구하고 헬라인들은 지혜를 추구하나
23 우리는 십자가에 못 박힌 그리스도를 전파하기 때문에, 유대
인들에게는 수치요 헬라인들에게는 미련한 것입니다.
24 그러나 부름 받은 자들에게는 유대인에게나 헬라인에게 그리
스도는 하나님의 능력이요 하나님의 지혜입니다.
25 왜냐하면 하나님의 미련한 것이 사람보다 지혜롭고, 하나님의
약함이 사람보다 더 강하기 때문입니다.

26 형제들이여, 여러분의 부르심을 보십시오. 인간적으로 지혜
있는 자도, 능력이 있는 자도, 가문이 좋은 자도 별로 없습니다.
27 그러나 하나님께서는 지혜 있는 자들을 부끄럽게 하시려고 세
상의 바보 같은 자들을 택하셨고, 강한 자들을 부끄럽게 하시려
고 세상의 볼품없는 자들을 택하셨습니다.
28 그리고 세상의 비천한 자들과 멸시받는 자들을 택하셨고, 게
다가 있는 자들을 폐하시려고 없는 자를 택하셨습니다.

29 이는 그분 앞에서 어떤 육체라도 자랑하지 못하게 하려는 것
입니다.
30 그러나 여러분은 하나님으로부터 비롯하여 그리스도 예수 안
에 있고, 그는 우리에게 하나님으로부터 오는 지혜 곧 의롭다함
과 거룩함과 구속(몸값을 내고 풀려남)이 되었으니
31 기록되기를 "자랑하는 자는 주 안에서 자랑하라"는 말씀과 같
습니다. (렘9:24)

고전2장

1 형제들이여, 나 또한 여러분에게 나아가 하나님의 비밀(또는 증
거)을 전했으나, 말과 지혜의 탁월함으로 여러분에게 가지 않았습
니다.
2 나는 여러분 가운데서 예수 그리스도와 그의 십자가에 못 박히
심 외에는 어떤 것도 알지 않기로 작정했기 때문입니다.
3 사실 여러분과 함께 있을 때 나는 약했습니다. 두려웠습니다.
떨었습니다.
4 그러나 나는 대중적인 설득력 있는 지혜의 말이 아니라 오직 성
령의 나타남과 능력으로 말하고 선포했습니다.
5 이는 여러분의 믿음이 사람의 지혜가 아니라 하나님의 능력 안
에 있게 하려는 것입니다.

6 그러나 우리는 온전한 자들 중에서 지혜를 전파합니다. 이 세
상의 지혜가 아닙니다. 더욱이 사라질 이 세대의 통치자들이 가
지고 있는 지혜도 아닙니다.
7 오직 은밀한 중에 감춰져 있는 하나님의 지혜를 전파합니다. 우
리의 영광을 위하여 영원 전에 하나님께서 예정하신 지혜입니다.
8 이 시대의 통치자들은 아무도 이 지혜를 알지 못했습니다. 만일
알았더라면 영광의 주님을 십자가에 못 박지 않았을 것입니다.
9 그러므로 기록되기를 "하나님을 사랑하는 자들을 위하여 예

비하신 것들은 눈으로 보지 못하고 귀로도 듣지 못하고 또한 사
람의 마음에 떠오르지도 못하게 하셨다"는 말씀과 같습니다. (사
64:4)
10 그러나 하나님께서는 하나님의 영으로 우리에게 계시하셨으니,
하나님의 영은 모든 것, 하나님의 심오한 것 까지도 살피십니다.
11 사람 속에 있는 그 자신의 영이 아니면 사람의 일을 누가 알겠
습니까? 이와 같이 하나님의 일도 하나님의 영이 아니면 아무도
알지 못합니다.
12 그러나 우리는 세상의 영을 받지 않고 하나님으로부터 온 영
을 받았습니다. 이는 하나님께서 우리에게 값없이 주신 것들을
알게 하려는 것입니다.

13 우리는 사람에게서 가르침 받은 지혜의 말이 아니라 성령님
에게서 가르침 받은 것으로 (값없이 주신) 이것을 선포합니다. 영적
인 것은 영적인 것과 어울립니다.
14 그러나 세속적인 사람은 성령(하나님의 영)의 일을 받아들이지
않습니다. 참으로 저들에게 그것은 미련한 것이요 또한 그것을
파악할 능력도 없습니다. 그것은 영적인 관점에서 판단되기 때문
입니다.
15 더욱이 영적인 사람은 진실로 모든 것을 심판(자세히 조사하다)
하지만 어느 누구에 의해서도 심판 받지 않습니다.
16 참으로 누가 주님의 마음을 알고 주님에게 조언하겠습니까? 그
러나 우리는 그리스도의 마음(사고력, 감각)을 가지고 있습니다.

고전3장

1 형제들이여, 나는 여러분을 영적인 자가 아닌 육신적인 자 즉
그리스도 안에서 갓난아이 대하듯 말할 수밖에 없습니다.
2 나는 여러분을 젖으로 먹이고 음식을 공급하지 않았습니다. 아
직은 여러분이 능력이 없기 때문이며, 역시 지금도 할 수 없습니다.
3 아직 여러분은 육신적인 자들입니다. 여러분 가운데 어떤 곳에
서는 시기와 다툼 그리고 분열이 있으니, 여러분은 사람을 따라
행하는 육신적인 자가 아닙니까?
4 어떤 사람은 "나는 바울소속"이요, 또 다른 이는 "나는 아볼로
소속"이라고 말하니 여러분은 정말 육신적인 자가 아닙니까?

5 그렇다면 바울이 누구입니까? 또한 아볼로는 누구입니까? 주
님께서 각 사람에게 허락하신 대로 참으로 저들을 통하여 여러분
을 믿게 한 일꾼들입니다.
6 나는 심었습니다. 아볼로는 물을 주었습니다. 그러나 하나님께
서 자라게 하셨습니다.
7 그러므로 심는 자나 물을 주는 자가 누구이든 아무것도 아니요,
참으로 자라게 하시는 분은 하나님이십니다.
8 심는 자나 또한 물을 주는 자 역시 다르지 않습니다. 그래서 자
신이 수고한 대로 자신의 상을 받을 것입니다.
9 참으로 우리는 하나님과 함께 일하는 자들입니다. 여러분은 하

나님의 밭이요 하나님의 집입니다.

10 내게 주신 하나님의 은혜를 따라 지혜로운 건축자처럼 나는
기초를 세웠습니다. 그리고 다른 사람이 그 위에 집을 세웁니다.
그러나 각각 어떤 방법으로 집을 세울지 주의하십시오.
11 아무도 정해진 장소 옆에 다른 기초를 세울 수 없습니다. 그
기초는 그리스도 곧 예수이십니다.
12 이제 만일 누구든지 이 기초 위에 금, 은, 보석, 나무, 풀, 짚으
로 집을 세운다면
13 각 사람의 노력이 나타날 것인데, 참으로 그 날(심판의 날)이 그것
을 드러낼 것입니다. 그것은 불과 함께 드러나게 됩니다. 그리고 각
사람의 노력이 어떤 종류의 것인지 그 불이 시험할 것입니다.
14 만일 어떤 사람의 노력이 집을 지은 그대로 있으면 상 받을 것
이나
15 어떤 사람의 노력이 타버리면, 그는 (재정적인) 손해를 볼 것입
니다. 또한 그 자신은 구원을 얻겠으나 불 속에서 건짐 받음과 같
을 것입니다.
16 여러분이 하나님의 성전인 것과 하나님의 영이 여러분 안에
거주하심을 알지 못합니까?
17 만일 어떤 사람이 하나님의 성전을 망친다면 하나님께서 그
사람을 멸할 것입니다. 하나님의 성전은 거룩합니다. 성전이 거룩
한 만큼 여러분도 거룩합니다.

18 아무도 자신을 속이지 마십시오. 만일 여러분 가운데 누구든
지 이 세상에서 지혜가 있다고 여긴다면 바보가 되십시오. 그러
면 지혜로운 자가 될 것입니다.
19 참으로 이 세상의 지혜는 하나님 앞에서 어리석은 것입니다.
기록되기를 "하나님은 지혜 있는 자들을 자기 꾀에 빠지게 하시
는 분이시라." 하였습니다. (욥5:13)
20 다시금 "주께서는 지혜 있는 자들의 논쟁을 헛된 것으로 여기
신다."하셨습니다.(시94:11)
21 그런즉 아무도 사람을 자랑하지 마십시오. 참으로 모든 것이
여러분의 것입니다.
22 바울이든 아볼로든 게바든 세상이든 생명이든 사망이든 현재
일이든 장래일이든 모두가 여러분의 것입니다.
23 그리고 여러분은 그리스도의 것이요, 그리스도는 하나님의 것
입니다.

고전4장

1 이런 방법으로 사람은 우리를 그리스도의 수행원이요 하나님
의 비밀을 맡은 청지기로 여겨야 합니다.
2 그리고 청지기들은 누구라도 신실한 자로 드러나야 합니다.
3 지금 내가 여러분에게나 혹은 세상 법정에서 심판 받는다 해도
내게는 전혀 중요하지 않습니다. 나 역시 내 자신을 심판하지 않
습니다.
4 내 스스로는 자책할 만한 것이 없기 때문입니다. 그래도 나는
이것으로 의롭다함을 얻지는 못합니다. 다만 나를 심판하실 분은
주님이십니다.
5 그러므로 (정해진) 때 이전, 곧 주님께서 오실 때까지 아무도 판
결하지 마십시오. 주님께서 어둠의 은밀한 것들을 빛으로 드러내
시며, 마음에 있는 계획을 (공개적으로) 나타내실 것입니다. 그리고
그때 하나님께로부터 각 사람에게 칭찬이 있을 것입니다.

6 형제들이여, 나는 여러분 때문에 아볼로와 내 자신에 관하여 이
런 자세들을 취했습니다. 이는 여러분이 기록된 말씀 이상으로
생각하지 말 것을 우리에게 배워, 한 사람이 다른 한 사람에 대하
여 서로 대적하며 거만하게 부풀리지 않게 하려는 것입니다.
7 당신을 구별(철저히 분리하다)한 자가 누구입니까? 당신이 가지고
있는 것 중에 받지 않은 것이 무엇입니까? 받았으면서도 받지 않

은 것처럼 어찌 (악의적으로)자랑합니까?
8 이미 여러분은 배가 불렀습니다. 이미 부자가 되었습니다. 우리
없이도 왕이 되었습니다. 여러분과 우리가 함께 다스리려면, 어쨌
든 여러분이 왕이 되기를 원합니다.
9 그러나 내 생각에는, 하나님께서 가장 낮은 사도인 우리를 사형
선고 받은 자들처럼 주목받게 하셨습니다. 때문에 우리는 세상과
천사들과 사람들에게 구경거리가 되었습니다.
10 우리는 그리스도 때문에 미련하나 여러분은 그리스도 안에서
현명합니다. 우리는 약하나 여러분은 강합니다. 여러분은 존귀하
나 우리는 비천합니다.
11 지금 이 시간까지 굶주리고 목마르고 헐벗고 매 맞고 머물 곳
도 없이
12 그리고 손수 지치도록 일을 했습니다. 모욕을 당하면 축복하
고, 핍박을 받으면 참고,

13 비난을 당하면 격려했습니다. 우리는 세상의 쓰레기처럼 되
었고, 지금까지 만물의 찌꺼기가 되었습니다.

14 여러분을 부끄럽게 하려고 이런 글을 쓰는 게 아닙니다. 내 사
랑하는 자녀같이 훈계하는 것입니다.
15 그리스도 안에 만 명의 가정교사가 있다할 지라도 부모는 많
지 않습니다. 그러나 그리스도 예수 안에서 복음을 통하여 나는
여러분을 낳았습니다.

16 따라서 여러분에게 권합니다. 여러분은 나를 본받는 자 되십
시오.
17 이것 때문에 디모데를 여러분에게 보냈습니다. 그는 주 안에
서 내 사랑하는 신실한 아들입니다. 도처에 있는 모든 교회에서
내가 가르친 대로 그리스도 안에 있는 나의 여정을 그가 여러분
에게 생각나게 해 줄 것입니다.
18 내가 여러분에게로 가지 못하게 되니, 어떤 이들은 교만이 가
득합니다.
19 그러나 만일 주님께서 원하시면 내가 서둘러 여러분에게로 가
서 교만한 자들의 말이 아니라 그 능력을 알아보겠습니다.
20 왜냐하면 하나님의 나라는 말에 있지 않고 능력에 있기 때문
입니다.
21 여러분은 무엇을 원합니까? 내가 매를 가지고 가야겠습니까?
아니면 사랑이나 온유한 영입니까?

고전5장

1 여러분 가운데 어느 곳에서나 성적 부도덕함이 있다는 소문이
들립니다. 이런 부도덕함은 이방인이라 불리는 자들 가운데도 없
는 것으로, 심지어 어떤 사람은 자기 아버지의 아내와 관계를 했
다고 합니다.
2 그런데도 여러분은 교만해졌고 그리고 슬퍼하지도 않았습니다.
그런 짓을 행한 자를 여러분 가운데서 제거했습니까?
3 그러나 참으로 나는 몸으로는 거기에 없으나 영은 함께 있기에,
내가 거기에 있는 것같이 그런 일을 저지른 자를 이미 판결했습
니다.
4 주 우리 예수의 이름, 곧 그리스도의 이름으로 주 우리 예수의
능력, 곧 그리스도의 능력과 더불어 여러분의 영과 내 영이 함께
모여서
5 육신의 징계를 목적으로 이런 자들을 사탄에게 넘겨준 것(출교)
은 주님의 날 곧 그리스도의 날에 구원 얻게 하려는 것입니다.

6 여러분의 자랑은 마땅치 않습니다. 적은 누룩이 반죽덩어리 전
체를 발효시킨다는 것을 알지 못합니까?
7 여러분은 발효되지 않은 자(참된 자)인만큼 신선한 반죽덩어리
가 되도록 오래된 누룩을 치우십시오. 우리의 유월절 어린양이신
그리스도조차 우리를 위하여 희생되셨습니다.

8 그러므로 우리는 오래된 누룩도 아니고 악하고 비열한 누룩도 아닌 순수하고 진실한 무교병으로 절기를 지킵시다.

9 나는 여러분에게 편지로 '음행하는 자들과 어울리지 말라'고 했습니다.
10 하지만 이 세상의 음행하는 자들과 탐욕스런 자들과 사기꾼들과 우상숭배자들을 전혀 어울리지 말라는 것이 아닙니다. 그렇지 않으면 아마도 여러분은 세상에서 떠나야 합니다.
11 그러나 지금 여러분에게 쓴 것은 만일 형제라 칭하는 자가 음행하는 자나 탐욕스런 자나 우상 숭배자나 욕쟁이나 술주정꾼이나 사기꾼이라면 그런 자와는 어울리지도 말고 함께 먹지도 말라는 것입니다.
12 그리고 외인들을 판단하는 것이 나와 무슨 상관이 있습니까? 여러분이 판단해야할 자들은 내부에 있지 않습니까?
13 외인들은 하나님께서 판단하십니다. 여러분 중에서 악한 자를 제거하십시오.

고전6장

1 여러분 가운데 어떤 이는 불의한 자 앞에서 판단 받으려고 감
히 상대방을 사법조치 하면서 (왜) 성도들 앞에서는 (판단 받으려)
하지 않습니까?
2 성도들이 세상을 판결하리란 것을 여러분은 알지 못합니까? 세
상이 여러분에게 판결 받아야 한다면, 여러분이 가장 작은 것들
을 재판할 자격이 (왜) 없겠습니까?
3 우리가 천사들을 판결하리란 것을 여러분은 알지 못합니까? 일
상적인 일들이야 무슨 말이 필요합니까?
4 따라서 일상적인 일로 여러분이 재판할 일이 있다면, 교회에서
하찮게 여기는 자들을 여러분이 임명하겠습니까?
5 나는 여러분을 부끄럽게 하려고 말합니다. 이처럼 여러분 가운
데 현명한 자 곧 형제간에 판단할 능력을 가진 자가 하나도 없습
니까?
6 게다가 형제들 사이에 그것도 믿지 않는 자 앞에 고발합니까?
7 따라서 이제 여러분이 서로를 고발함으로 상황은 총체적으로
악화되었습니다. 차라리 불의를 당하는 것이 더 낫지 않습니까?
차라리 속는 것이 더 낫지 않습니까?
8 그러나 여러분은 잘못하고 있으며 손실을 보고 있습니다. 그들
역시 형제입니다.
9 그릇행하는 자는 하나님의 나라를 상속받지 못하리란 것을 여

러분은 알지 못합니까? 길에서 벗어나지 마십시오. 음행하는 자
나 우상 숭배하는 자나 간음한 자나 동성애자나
10 도둑이나 탐욕스런 자나, 술주정꾼이나 욕쟁이나, 사기꾼은
하나님의 나라를 상속받지 못합니다.
11 여러분 중에도 이 같은 자들이 있어왔으나 주 예수의 이름과
우리 하나님의 성령으로 거룩함과 의롭다함을 얻었습니다.

12 모든 것이 내게 허락(엑세스티)될 지라도, 모두 도움이 되는 것
은 아닙니다. 모든 것이 내게 허락될 지라도, 나는 어떤 권위(엑수
시아)에도 메이지 않을 것입니다. (허락과 허락이 필요 없는 권위에 대한
언어유희)
13 음식은 배(위)가 있어야 하고, 배는 음식이 있어야 합니다. 그
러나 하나님은 음식도 배도 소용없게 하실 것입니다. 그런데 (우
리의) 몸은 성적 부도덕함이 아니라 주님을 위하여 존재합니다. 그
리고 주님은 (우리의) 몸을 위하십니다.
14 더욱이 하나님께서 주님을 다시 살리셨습니다. 또한 하나님의
권능으로 우리를 다시 살리실 것입니다.
15 여러분의 몸이 그리스도의 지체인 것을 알지 못합니까? 이제
그리스도의 지체를 들어 올려 음녀의 지체로 만들려 합니까? 그
럴 수 없습니다.
16 음녀에게 빌붙는 자는 서로 한 몸인 것을 알지 못합니까? "둘
이 한 몸이 되리라" 말씀하셨기 때문입니다. (창2:24)
17 그러나 주님께 붙어있는 자는 한 영입니다.

18 성적 부도덕함을 멀리하십시오. 사람이 범하는 모든 죄는 몸
밖에 있으나, 간음하는 자는 자신의 몸에게 죄를 짓는 것입니다.
19 진실로 여러분의 몸은 여러분 가운데 계신 성령의 전인 것과
그리고 그것은 하나님께로부터 받은 것이요 여러분 자신의 것이
아님을 알지 못합니까?
20 값을 지불하고 여러분을 사 오셨습니다. 그러므로 여러분의
몸으로 (다른 사본에는 영으로) 하나님을 높이십시오.

고전7장

1 이제 여러분이 나에게 적어준 질문들에 관하여 (말씀드립니다.)
남자에게 여자의 접촉은 좋지 않습니다.
2 각기 자신의 아내를 얻으시고 여자 역시 자신의 남편을 얻으십
시오. 성적 부도덕함 때문입니다.
3 남편은 아내에게 부부의 의무를 지키고 또한 아내도 남편에게
그렇게 하십시오.
4 아내가 자신의 몸의 권리를 행사하는 것이 아니라 남편이 해야
합니다. 남편 역시 그렇게 자신의 몸의 권리를 행사하는 것이 아
니라 아내가 해야 합니다.
5 여러분은 서로를 거절하지 마십시오. 합의 후에 얼마 동안 금식
과 기도에 몰두하기 위한 것이 아니라면, 다시 합방하십시오. 이
는 여러분의 무절제로 인하여 사탄이 여러분을 유혹하지 못하게
하려는 것입니다.
6 나의 이 말은 개인적인 견해이지 계명은 아닙니다.
7 참으로 모든 사람들이 나와 같기를 원합니다. 그러나 각기 하나
님에게 받은 자신의 은사가 있어 누구는 이러하고 누구는 저러합
니다.

8 또한 미혼자들과 과부들에게 말합니다. 나처럼 그냥 지낸다면
자신에게 좋습니다.

9 그러나 스스로 절제할 수 없다면 결혼하십시오. 정욕이 불타오
르는 것 보다 결혼이 더 유익하기 때문입니다.
10 그러나 결혼한 자들에게 명령합니다. 내가 아니라 주님의 명
령입니다. 남편에게서 여자를 나누지 마십시오.
11 그러나 나뉘어졌다면 결혼하지 말고 그냥 지내든지 혹은 그 남
편과 다시 화해하십시오, 그리고 남편은 아내를 버리지 마십시오.

12 또한 나머지 사람들에게 말합니다. 주님의 명령은 아닙니다.
어떤 형제에게 믿지 않는 아내가 있는데 아내가 남편과 함께 살
기로 동의한다면 아내를 버리지 마십시오.
13 역시 누구든지 여자에게 믿지 않는 남편이 있는데 그 남편이
아내와 함께 살기로 동의하면 남편을 버리지 마십시오.
14 참으로 믿지 않는 남편이 아내 때문에 거룩하게 되었고, 믿지
않는 아내가 남편 때문에 거룩하게 되었습니다. 그렇지 않으면
아마 여러분 자녀도 깨끗하지 못할 터인데 지금은 거룩합니다.
15 그러나 믿지 않는 자가 헤어지자 하면 헤어지십시오. 그런 형
제나 자매는 이런 일에 예속될 것 없습니다. 더욱이 하나님은 평
화로 우리를 부르셨습니다.
16 아내여, 당신이 남편을 구원할는지 어떻게 알겠습니까? 남편
이여, 당신이 아내를 구원할는지 어떻게 알겠습니까?

17 하나님께서 각 사람에게 나누어 주신 것이 아니라면, 주님께
서 각 사람을 부르신 그대로 행하십시오. 나는 모든 교회에 이와

같이 지시합니다.
18 할례 받고 부름을 받았습니까? 할례의 표시를 가리려고 하지
마십시오. 할례 없이 부름을 받았습니까? 할례 받지 마십시오.
19 할례란 아무것도 아닙니다. 무할례 역시 아무것도 아닙니다.
다만 하나님의 계명 준수(만이 있을 뿐입니다.)
20 각 사람은 부름 받은 그 부름 안에 그대로 머물러 계십시오.
21 노예인 당신이 부름을 받았습니까? 그것에 대하여 염려하지
마십시오. 자유롭게 될 수 있는 것 외에는 차라리 그것을 이용하
십시오.
22 주님 안에서 부름 받은 노예는 주님 소유의 자유인입니다. 유
사한 방식으로, 부름 받은 자유인 역시 그리스도의 종입니다.
23 여러분의 몸값은 지불되었으니, 사람들의 노예가 되지 마십
시오.
24 형제들이여, 여러분은 각기 부름을 받은 그대로 하나님과 함
께 머물러 계십시오.

25 처녀들에 관하여는 주님의 계명이 없습니다. 그러나 주님의
긍휼하심을 받아 신실한 자가 된 만큼 내 견해를 말씀드립니다.
26 사람이 지금 있는 방식대로 (그대로) 거기에 있는 것이 좋다고
생각합니다. 임박한 재난 때문입니다.
27 아내에게 묶였습니까? 풀려나려고 하지 마십시오. 아내로부
터 풀려났습니까? 아내를 구하지 마십시오.
28 그러나 당신이 결혼할지라도 잘못된 것이 아니요, 그리고 처

녀가 결혼할지라도 잘못된 것이 결코 아닙니다. 그런데 이런 자
들은 그 육신에게 괴로움이 있을 것입니다. 그래서 나는 여러분
의 (결혼을) 조심스러워 합니다.
29 더욱이 형제들이여, 나는 이것을 말합니다. 이 후로는 (정해진)
때가 줄어들었기 때문에 아내 있는 자는 없는 자 같이 하십시오,
30 우는 자는 울지 않는 자 같이, 기쁜 자들은 기쁘지 않은 자 같
이, (물건을) 사는 자들은 가지고 있지 않은 것같이 하십시오.
31 그리고 세상의 물건을 쓰는 자들은 적게 쓰는 자 같이 하십시
오. 이 세상의 겉모습은 지나갑니다.
32 나는 여러분이 근심 없기를 원합니다. 결혼하지 않은 남자는
주님의 일을 세심하게 배려하여 어떻게 하면 주님을 기쁘시게 할
까 합니다.
33 그러나 결혼한 남자는 세상일을 염려하여 어떻게 하면 아내를
기쁘게 할까 합니다.
34 결혼한 여자와 처녀 사이에는 차이가 있습니다. 결혼하지 않
은 여자는 주님의 일을 배려합니다. 그래서 몸과 마음을 거룩하
게 합니다. 그러나 결혼한 여자는 세상일을 염려하여 어떻게 하
면 남편을 기쁘게 할까 합니다.
35 나는 바로 여러분의 유익을 위하여 이런 말을 하는 것이지 결
코 여러분에게 덫을 놓으려는 것이 아닙니다. 다만 예의바르게
하고 또한 흐트러짐 없이 주님을 잘 섬기게 하려는 것입니다.

36 만일 자신의 결혼하지 않은 딸에 대하여 어떤 사람이(사위될

자) 무례하게 행하는 것으로 생각한다면, 혼기도 지났고 그와 같은 의무도 있으니, 그는 원하는 대로 하십시오. 죄 짓는 것이 아니니 그들로 결혼하게 하십시오.
37 그러나 그가 마음을 굳게 세웠고 불가피함도 없고, 더욱이 자신의 뜻대로 할 권리도 있고, (그래서) 자신의 딸을 자신의 감시 하에 두기로 작정했다면 잘하는 일입니다.
38 그러므로 딸을 결혼시키는 자도 잘하는 일이요, 그러나 결혼시키지 않는 자는 더 잘하는 일입니다.

39 아내는 남편이 살아있는 동안 법에 묶여있습니다. 그러나 남편이 죽으면 자기가 원하는 자와 결혼할 자유가 있습니다. 다만 주 안에서 하십시오.
40 그러나 만일 그대로 지낸다면 더 복될 것입니다. 나의 사견입니다. 그러나 나 역시 하나님의 영을 소유하고 있다고 생각합니다.

고전8장

1 이제 우상에게 바쳐진 제물에 관하여(말씀드립니다.) 우리 모두에
게 지식이 있는 줄 압니다. 지식은 우쭐댑니다. 그러나 사랑은 (집
을 세우듯) 세웁니다.
2 만일 누가 무엇인가 안다고 생각한다면, 그는 먼저 마땅히 알아
야 할 것을 아직까지 전혀 알지 못한 것입니다.
3 그러나 누가 하나님을 사랑한다면, 하나님은 그를 인정해 주십
니다.

4 그러므로 우상에게 바쳐진 제물을 먹는 것에 관하여 우리가 알
기로는 세상에 있는 우상은 아무것도 아니며 또한 한 분 외에는
다른 신이 없다는 것입니다.
5 그러나 하늘에서나 땅 위에서 비록 신으로 불리는 자들이 있어
많은 신들과 많은 주인들이 있는 것 같습니다.
6 그렇지만 우리에게는 한 분 하나님 아버지가 (계십니다). 만물이
하나님에게서 나왔고 그리고 우리는 하나님을 위하여 (존재합니
다). 또한 (우리에게는) 한 분 주 예수 그리스도가 (계십니다). 만물이
주님으로 말미암고 또한 우리도 주님으로 말미암아 (존재합니다).

7 그런데 모든 사람에게 이런 지식이 있는 것은 아닙니다. 그래
서 어떤 이들은 지금까지 우상에게 바쳐진 제물은 우상의 것이라

는 양심으로 먹습니다. 그리하여 그들의 양심은 더럽혀져서 볼품 없게 되었습니다.
8 음식이 우리를 하나님 곁에 세우지 못합니다. 비록 우리가 먹을 지라도 더 나아지지 않습니다. 우리가 먹지 않을 지라도 손해가 되지 않습니다.
9 그러므로 혹시라도 여러분의 이 권리가 약한 자들에게 걸림돌이 되지 않도록 유의하십시오.
10 지식을 가진 당신이 우상의 전당에서 식탁에 기대어 있는 것을 어떤 사람이 본다면, 약한 자들의 그 양심이 힘을 얻어 우상을 위하여 우상에게 바쳐진 제물을 먹으려하지 않겠습니까?
11 그렇다면 당신 지식 때문에 약한 형제가 망하게 됩니다. 그를 위하여 그리스께서 죽으셨습니다.
12 여러분이 이런 방법으로 형제에게 죄를 범하거나 그들의 약한 양심에 상처를 입히는 것은 그리스도께 죄를 범하는 것입니다.
13 바로 그런 이유로 음식이 내 형제를 걸려 넘어지게 한다면, 나는 영원히 결단코 고기를 먹지 않겠습니다. 내 형제를 걸려 넘어지지 않게 하기 위함입니다.

고전9장

1 내가 사도가 아닙니까? 내가 자유인이 아닙니까? 내가 우리 주 예수 그리스도를 보지 못했습니까? 주님 안에 있는 여러분이 내 결실 아닙니까?

2 내가 다른 사람들에게는 사도가 아닐 지라도, 적어도 여러분에게는 사도입니다. 물론 내 사도직의 표식은 주님 안에 있는 여러분입니다.

3 나를 비판하는 자들에게 변증합니다.

4 우리는 먹고 마실 권리가 없습니까?

5 우리는 다른 사도들이나 주의 형제들이나 게바(베드로)처럼 (믿는) 자매인 아내를 데리고 다닐 권리가 없습니까?

6 유일하게 나와 바나바만이 일하지 않을 권리가 없습니까?

7 누가 원래 자기 비용으로 군복무 합니까? 누가 포도원을 만들고 거기에서 나오는 열매를 먹지 않습니까? 누가 양떼를 돌보고 그 양떼의 젖을 먹지 않습니까?

8 나는 인간적으로 말하는 것이 아닙니다. 율법이 이러한 것들을 말하고 있지 않습니까?

9 모세의 율법 가운데 "타작하는 소에게 입막음하지 말라"고 기록되어 있습니다. 하나님께서 소들을 염려해서 하지 말라 하셨습

니까? (신25:4)
10 아니면 의심의 여지없이 우리를 위하여 하신 말씀입니까? 참
으로 우리를 위하여 기록되었습니다. 왜냐하면 밭을 가는 자는
당연히 소망으로 밭을 갈며, 타작하는 자 또한 자신도 한 몫을 받
는다는 소망으로 (타작하기) 때문입니다.
11 우리가 여러분에게 신령한 것을 뿌렸는데 여러분에게서 육신
적인 것을 거둔다면 놀라운 일입니까?
12 다른 사람들도 여러분의 이러한 권리에 참여하는데, 우리는
안 됩니까? 그러나 우리는 이런 권리를 쓰지 않고 다만 그리스도
의 복음에 어떠한 지장도 주지 않기 위하여 우리는 범사에 조용
히 넘어갔습니다.
13 성전 일을 하는 자들은 성전에서 나오는 것을 먹으며, 제단에
서 봉사하는 자들은 제단과 함께 나눈다는 것을 여러분은 알지
못합니까?
14 그러므로 주님께서 복음을 전하는 자들에게 그 복음으로부터
(나오는 것으로) 살 것을 지시하셨습니다.
15 그러나 나는 이 권리를 하나도 사용하지 않았습니다. 더욱이
나에게 이와 같이 해 달라고 이 글을 쓰는 것이 아닙니다. 누구든
지 나의 이 자부심을 헛되게 한다면 오히려 내게는 죽음이 더 마
땅합니다.
16 이제 내가 복음을 전할 지라도 내게는 결코 자랑할 것이 없습
니다. 내가 반드시 해야 할 일이기 때문입니다. 이제 내가 복음을
전하지 않는다면 내게 화가 있을 것입니다.

17 내가 만일 자진해서 이것을 행한다면 나는 보상을 받을 것입
니다. 그러나 비록 억지로 한다 해도 내게 맡겨진 책임입니다.
18 그러면 나에게 어떤 보상이 있습니까? 그것은 내가 복음을 전
하면서 복음과 관계된 내 권리를 남용하지 않도록 값없이 그리스
도의 복음을 전하는 것입니다.

19 이제 나는 모든 사람으로부터 자유하나 더 많은 사람을 얻기
위하여 내 스스로 모든 사람의 종이 되었습니다.
20 따라서 유대인에게는 유대인같이 되었습니다. 유대인을 얻기
위함입니다. 율법 아래에 있는 자들에게는 율법 아래에 있는 자
같이 되었습니다. 율법 아래에 있는 자들을 얻기 위함입니다.
21 율법 없는 자들에게는 율법 없는 자같이 되었습니다. 나는 하
나님께 율법 없는 자가 아니요 그리스도의 법 아래에 있으나 율
법 없는 자를 얻기 위함입니다.
22 약한 자들에게는 약한 자같이 되었습니다. 약한 자들을 얻기
위함입니다. 모든 사람에게 모든 모습이 되었습니다. 어떻게든지
누군가를 구원하기 위함입니다.
23 나는 복음을 위하여 이 모든 것을 실천하고 있습니다. 복음의
동반자가 되기 위함입니다.

24 달리기 선수들이 경기장에서 모두 달린다 해도 한 사람만이
상 받는다는 것을 알지 못합니까? 여러분도 (상을) 얻기 위하여 같
은 방법으로 경기장을 달리십시오.

25 경기에 참여하는 자마다 모든 것을 절제합니다. 그런데 저들
은 썩어질 면류관을 얻기 위함입니다. 그러나 우리는 썩지 않는
것을 위함입니다.
26 정확하게 지금 나는 더 이상 방향 없이 달리고 있지 않습니다.
나는 더 이상 허공을 치는 싸움을 하고 있지 않습니다.
27 게다가 나는 내 몸을 성가시게 하며 통제 하에 둡니다. 어떻게
든 다른 사람에게 (복음을) 전한 후에 내 자신은 실격 되지 않기 위
함입니다.

고전10장

1 형제들이여, 나는 이제 여러분이 반드시 알기를 원합니다. 우
리 조상들은 구름 아래에 있었고, 바다를 가로질러 통과했습니다.
2 그리고 모두는 구름과 바다 속에서 모세에게 침례를 받았습니
다.
3 그리고 모두는 바로 그 신령한 음식을 먹었습니다.
4 그리고 모두는 바로 그 신령한 물을 마셨습니다. 물론 그들은
그들과 동행하는 신령한 반석에서 나오는 물을 계속 마셨습니다.
그런데 그 반석은 그리스도였습니다.
5 그럼에도 불구하고 하나님은 저들의 대부분을 기뻐하지 않으
셨습니다. 그래서 저들은 광야에서 죽임을 당했습니다.
6 더욱이 이런 일들은 우리에게 (경고를 위한) 사례가 되었습니다.
이는 우리로 하여금 저들이 갈망하던 것같이 악한 것을 갈망하는
자가 되지 않게 하려는 것입니다.
7 여러분은 저들 가운데 어떤 이들처럼 우상숭배자가 되지 마십
시오. 기록된바 "그 백성이 앉아서 먹고 마시며 일어나 흥청거렸
다"고 했습니다. (출32:6)
8 우리는 저들 가운데 어떤 이들처럼 간음하지 맙시다. 저들은 하
루에 이만 삼천 명이 쓰러졌습니다.
9 우리는 또한 저들 가운데 어떤 이들이 시험한 것처럼 그리스도
를 시험하지 맙시다. 저들은 뱀에게 죽었습니다.

10 여러분은 또한 저들 가운데 어떤 이들이 불평한 것처럼 불평
하지 마십시오. 저들은 파괴천사에게 멸망당했습니다.
11 이제 저들에게 일어난 이 모든 일들은 (경고를 위한) 사례가 되
었고, 또한 말세에 다다른 우리에게 주의를 불러일으키려고 기록
되었습니다.
12 그런즉 서 있다고 생각하는 자는 넘어지지 않도록 조심하십시
오.
13 사람이 감당할 수 없는 시험이라면 여러분이 받을 시험은 없
습니다. 더욱이 하나님은 신실하십니다. 여러분의 능력을 넘어서
는 시험을 허락하지 않습니다. 그러나 시험과 함께 또한 여러분
이 능히 감당할 수 있는 피할 길을 마련하실 것입니다.
14 그러므로 나의 사랑하는 자들이여, 우상숭배를 멀리하십시오.
15 나는 현명한 자들에게 말하는 만큼, 여러분은 내 변증을 판결
하십시오.
16 우리가 축복하는 이 축복의 잔은 그리스도의 피를 나누는 것
이며, 우리가 떼는 이 빵은(무교병) 그리스도의 몸을 나누는 공동
체의식이 아닙니까?
17 결국 우리는 여러 사람일지라도 한 덩어리, 한 몸입니다. 한 덩
어리에 모든 사람이 참여하기 때문입니다.
18 이스라엘 사람들을 보십시오. 희생제물을 먹는 자들은 그 제
단에 동참하는 자들 아닙니까?
19 그런즉 내가 무엇을 말합니까? 우상은 무엇이며, 우상에게 바
쳐진 제물은 무엇인가에 관한 것 아닙니까?

20 그러나 이방인이 제물을 드리는 것은 귀신에게 드리는 것이지
하나님께 드리는 것이 아니기 때문에 그래서 나는 여러분이 귀신
에게 참여하는 것을 기뻐하지 않습니다.
21 여러분은 주님의 잔을 마시고 게다가 귀신의 잔을 마실 수 없
습니다. 여러분은 주님의 식탁에 참여하고 게다가 귀신의 식탁에
참여할 수 없습니다.
22 그렇지 않으면 우리가 옆에서 주님의 질투를 부채질하는 것입
니까? 아니, 우리가 주님보다 강합니까?

23 모든 것이 내게 허락될지라도, 모두 도움이 되는 것은 아닙니
다. 모든 것이 내게 허락될지라도, 모두 (덕을) 세우는 것은 아닙
니다.
24 누구든지 각 사람은 자신의 것을 구하지 말고 다른 사람의 것
을 구하십시오.

25 시장에서 파는 모든 것은 양심 때문에 (우상에게 바쳐진 제물인지)
묻지 말고 사서 드십시오.
26 참으로 땅과 거기에 가득 채워진 것이 주님의 것입니다.
27 이제 믿지 않는 누가 여러분을 초청했는데 허락했다면 여러분
앞에 차려진 음식은 무엇이든지 양심 때문에 (우상에게 바쳐진 제물인
지) 묻지 말고 드십시오.
28 그러나 누군가 여러분에게 "이것은 우상에게 바쳐진 제물"이
라고 말한다면, 알려준 그 사람과 그리고 그의 양심을 위하여 먹지

마십시오. 물론 땅과 거기에 가득 채워진 것이 주님의 것입니다.
29 내가 말한 양심은 내 자신의 것이 아니라 다른 사람의 것을 말합니다. 그렇다면 무슨 이유로 내 자유가 다른 사람의 양심으로 판단 받아야 합니까?
30 나는 관대함으로 참여했는데, 왜 내가 감사한 그것에 대하여 매도당해야 합니까?
31 그러나 여러분은 무엇을 먹든지 마시든지 모든 것을 하나님의 영광을 위하여 하십시오.
32 여러분은 유대인이나 헬라인이나 하나님의 교회에게 흠 없는 자들이 되십시오.
33 나처럼 매사에 모든 사람을 기쁘게 하십시오. 나는 내 자신의 유익을 구하지 않고 다른 사람의 유익을 구합니다. 그들로 구원 받게 하려는 것입니다.

고전11장

1 나는 그리스도의 본을 따르는 자입니다. 이와 같이 여러분은 나
의 본을 따르는 자가 되십시오.

2 형제들이여, 이제 나는 여러분에게 박수를 보냅니다. 여러분이
나의 모든 일에 주의를 기울여 왔고 또한 내가 여러분에게 그리
스도의 교훈을 전해 준 대로 지키고 있기 때문입니다.
3 그러나 나는 여러분이 알기를 원합니다. 모든 (성인)남자의 머리
는 그리스도이십니다. 그리고 (성인)여자의 머리는 남자입니다. 더
욱이 그리스도의 머리는 하나님이십니다.
4 머리에 (무엇을) 쓰고서 기도하거나 예언하는 남자는 누구든지
자신의 머리를 수치스럽게 하는 것입니다.
5 더욱이 머리에 쓰지 않고 기도하거나 예언하는 여자는 누구든
지 자신의 머리를 수치스럽게 하는 것입니다. 왜냐하면 삭발한
것과 같기 때문입니다.
6 여자가 머리에 쓰지 않으려면 깎으십시오. 그런데 깎거나 삭발
하는 것이 수치스럽다면 (덮개로) 덮으십시오.
7 남자의 경우에는 당연히 머리에 쓰면 안 됩니다. 거기에 하나님
의 형상과 영광이 있기 때문입니다. 그러나 여자는 남자의 영광
입니다.
8 남자가 여자에게서 나오지 않고 여자가 남자에게서 나왔기 때

문입니다.
9 그리고 남자가 여자를 위하여 지음 받지 않고 반대로 여자가 남
자를 위하여 지음 받았기 때문입니다.
10 그러므로 여자는 (이 말씀을 전해 준) 사신들로 인하여 당연히 그
녀의 머리위에 권위가 자리해야 합니다.
11 그럼에도 불구하고 주님 안에는 여자 없이 남자만 있지 않고,
남자 없이 여자만 있지도 않습니다.
12 바로 남자로부터 여자가 나온 것처럼 이와 같이 남자 역시 여
자를 통하여 나오기 때문입니다. 그러나 모든 것은 하나님으로부
터 왔습니다.
13 여러분 사이에 스스로 판결하십시오. 여자가 머리에 쓰지 않
고 하나님께 기도하는 것이 마땅합니까?
14 남자가 머리를 길게 기른다면 자신에게 불명예가 된다는 것을
여러분 본성 자체가 가르치고 있지 않습니까?
15 그러나 여자가 머리를 길게 기른다면 자신에게 영광이 되지
않겠습니까? 왜냐하면 그녀의 긴 머리는 덮개를 대신해서 그녀에
게 주어진 것이기 때문입니다.

16 누군가 논쟁을 다짐하는 자가 있다할 지라도, 우리에게는 바
로 그러한 관습이 없으며 하나님의 여러 교회에도 없습니다.

17 이제 내가 여러분에게 지시하는 것에 관하여 여러분을 칭찬
할 수 없습니다. 여러분의 모임이 유익을 주지 못하고 해를 끼치

기 때문입니다.
18 먼저 여러분이 교회에 모일 때 여러분 가운데 거기에서 갈라
진 틈이 발생했다고 하는데, 나는 어느 한 쪽을 신뢰합니다.
19 왜냐하면 의견을 달리하는 자들이 있어야 여러분 가운데서 인
정받은 자가 드러나기 때문입니다.

20 확실히 여러분은 같은 곳에 모였으나 주님의 만찬을 먹은 것
이 아닙니다.
21 만찬시간에 각자 자기의 음식을 다른 사람보다 먼저 먹으므로
어떤 사람은 먹지 못하고 어떤 사람은 취하도록 마십니다.
22 참으로 여러분은 먹고 마실 집이 없습니까? 하나님의 교회를
경멸하고 가난한 자들을 부끄럽게 하려는 것입니까? 내가 여러
분에게 무슨 말을 하겠습니까? 칭찬할까요? 이 일에 있어서 나는
칭찬할 수 없습니다.

23 내가 여러분에게 전해 준 것은 주님께 받은 것입니다. 주 예수
께서 넘겨지던 그 밤에 (유월절 만찬의) 빵을 가지시고
24 감사기도하신 후에 떼어 내셨습니다. 그리고 말씀하셨습니다.
"너희는 받으라. 너희는 먹으라. 이것은 너희를 위한 내 몸이니라.
나를 기념하기 위하여 이것을 행하라."
25 또한 식사 후에 그와 같이 잔을 가지시고 말씀하셨습니다. "이
잔은 내 피 속에 있는 새 언약이니라. 너희는 마실 때마다 나를 기
념하기 위하여 이것을 행하라."

26 이제 여러분이 이 빵을 먹으며 이 잔을 마실 때마다, 주님께서
오실 때까지, 여러분은 주님의 죽으심을 널리 선포하는 것입니다.

27 그러므로 명예롭지 않게 이 빵을 먹고 주님의 잔을 마시는 자
는 주님의 몸과 피에 대하여 (법적인) 책임이 있을 것입니다.
28 그래서 사람은 자기 자신을 돌아본 후에 그 빵으로부터 먹고
그 잔으로부터 마셔야 합니다.
29 그러므로 주님의 몸을 자세히 분별하지 않고, 명예롭지 않게
먹고 마시는 자는 스스로 심판을 먹고 마시는 것입니다.
30 이로 인하여 여러분 가운데 많은 사람이 약하고 병들었으며
또한 자는 자도 상당히 많습니다.
31 때문에 우리 스스로를 분별한다면 심판을 받지 않을 것입니다.
32 그러나 우리가 (지금) 심판받는 것은 주님의 교육의 일환이며
이는 우리가 세상과 함께 유죄선고를 받지 않게 하려는 것입니다.
33 그런즉 내 형제들이여, (주님의 만찬을) 먹기 위하여 모일 때 서
로 기다리십시오.
34 여러분의 모임이 비난받지 않도록, 누구든지 배고프면 식사는
집에서 하십시오. 이제 남은 문제들은 내가 가서 정리하겠습니다.

고전12장

1 형제들이여, 나는 이제 여러분이 영적인 것에 관하여 확실하게
알기를 원합니다.

2 여러분도 알다시피 여러분이 이방인이었을 때 말 못하는 우상
이 인도하는 대로 끌려갔습니다.
3 때문에 여러분은 알아야 합니다. 하나님의 영으로 말하는 자는
아무도 예수님을 '저주받은 자'라고 말하지 않습니다. 또한 성령
님의 도움없이는 아무도 예수님을 '주님'이라 말하지 않습니다.

4 은사는 다양합니다. 그런데 성령님은 동일하십니다.
5 직무는 다양합니다. 그러나 주님은 동일하십니다.
6 노력의 결과물은 다양합니다. 그런데 하나님은 동일하십니다.
하나님은 모든 것 안에서 모든 것을 이루십니다.
7 또한 각 사람에게 함께 열매를 맺게 하시려고 공개적으로 성령
님을 나타내 주십니다.
8 때문에 어떤 사람은 성령님을 통하여 지혜의 말씀을, 다른 사람
은 동일한 성령님을 따라 지식의 말씀을 받습니다.
9 다른 사람은 동일한 성령님에게 믿음을, 다른 사람은 동일한 성
령님에게 치유의 은사를.
10 다른 사람은 기적 행함을. 다른 사람은 예언을. 다른 사람은 영

분별력을. 또 다른 사람은 각종 방언들을. 다른 사람은 방언들 통
역을. (받습니다)
11 더욱이 이 모든 일은 동일한 한 성령님께서 행하십니다. 그리
고 성령님은 자신의 뜻대로 각 사람에게 나누어 주십니다.

12 물론 몸은 하나이나 많은 지체가 있고, 한 몸에 속한 모든 지
체는 많으나 한 몸인 것과 같이 그리스도 역시 동일합니다.
13 때문에 유대인이나 헬라인이나 노예나 시민이나 우리 모두는
한 성령님 안에서 한 몸으로 침례를 받았고, 또한 모두는 한 성령
님으로 공급받았습니다.
14 또한 몸에는 한 지체만 있는 것이 아니라 많은 지체가 있습니다.
15 비록 발이 말하기를 "나는 손이 아닌 만큼 몸에 속해 있지 않
다"고 할지라도 이 말과 더불어 몸에 속해 있지 않은 것이 결코
아닙니다.
16 역시 귀가 말하기를 "나는 눈이 아닌 만큼 몸에 속해 있지 않
다"고 할지라도 이 말과 더불어 몸에 속해 있지 않은 것이 결코
아닙니다.
17 온 몸이 눈이라면 어디로 듣습니까? 온 몸이 귀라면 어디로 냄
새를 맡습니까?
18 그러나 이제 하나님께서 원하시는 대로 그 몸에 일일이 지체
들을 두셨습니다.
19 그런데 모두가 한 지체라면 어디가 몸입니까?
20 그러나 이제 지체는 매우 많을 지라도 몸은 하나입니다.

21 그래서 눈이 손에게 말하기를 "나는 네가 필요 없다"라든지 혹
은 머리가 멀리 떨어져 있는 발에게 "나는 너희들이 필요 없다"라
고 할 수 없습니다.
22 반대로 몸에서 더 약하게 보이는 지체가 도리어 거기에 더더
욱 중요합니다.
23 그리고 우리가 몸에서 하찮게 여기는 지체들에게 값진 것을
더 많이 입힙니다. 또한 우리의 볼품없는 지체는 특별한 존중을
더 많이 받습니다.
24 사실 우리의 품위 있는 지체는 결핍이 없습니다. 그러나 하나
님은 부족한 지체에게 더 많은 특권을 주셔서 그 몸을 고르게 하
셨습니다.
25 이는 지체들이 몸에서 분열 없이 오히려 동일하게 서로를 배
려하라는 것입니다.
26 그리하여 한 지체가 고생하면 모든 지체들이 고생합니다. 한
지체가 영광을 받으면 모든 지체들이 기뻐합니다.

27 여러분은 그리스도의 몸이요 지체의 한 부분입니다.
28 또한 하나님께서 교회 안에 사람들을 세우셨습니다. 첫째는
사도요, 둘째는 선지자요, 셋째는 교사요, 그 다음은 기적을 행하
는 자요, 그 후는 치유와 돕는 것과 지도력과 다양한 방언의 은사
를 받은 자들입니다.
29 아니 모두가 사도입니까? 모두가 선지자입니까? 모두가 교사
입니까? 모두가 기적을 행하는 자입니까?

30 아니 모두가 병 고치는 은사를 가지고 있습니까? 모두가 방언을 합니까? 모두가 통역을 합니까?
31 이제 여러분은 더 좋은 은사를 간절히 사모하십시오. 따라서 바로 여러분에게 (한계점을 뛰어 넘을 정도의) 탁월한 길을 알려드립니다.

고전13장

1 내가 사람과 천사의 (여러) 방언으로 말 할지라도 사랑이 없으
면 나는 시끄러운 구리요 땡땡거리는 꽹과리입니다.
2 또 예언을 하며 모든 비밀과 모든 지식을 알고, 산을 옮길 만한
모든 믿음이 있을 지라도, 사랑이 없으면 나는 아무것도 아닙니다.
3 내게 있는 모든 것을 나눠주고, 내 몸을 불사르도록 넘겨줄 지
라도, 내게 아무 유익이 없습니다.

4 사랑은 오래 참습니다. 사랑은 친절합니다. 질투하지 않습니
다. 사랑은 뽐내지 않습니다. 교만하지 않습니다.
5 무례하지 않습니다. 자기의 것을 구하지 않습니다. 성내지 않습
니다. 해로운 것을 계산하지 않습니다.
6 불의를 기뻐하지 않습니다. 진리와 함께 기뻐합니다.
7 모든 것을 덮어줍니다. 모든 것을 신뢰합니다. 모든 것을 기대
합니다. 모든 것을 참습니다.

8 사랑은 결코 떨어져 나가지 않습니다. 이제 예언도 끝나고, 방
언도 멈추고, 지식도 끝날 것입니다.
9 진정 우리는 부분적으로 알고 부분적으로 예언합니다.
10 그러나 완벽한 것이 올 때, 그때 부분적인 것은 끝날 것입니다.
11 어릴 때에 나는 어린아이같이 말하고, 어린아이같이 생각하

고, 어린아이같이 계산했습니다. 그러나 성인이 되었을 때 나는 어린아이의 것들을 끝냈습니다.
12 지금은 우리가 거울을 통하여 희미하게 봅니다. 그러나 그때
에는 얼굴과 얼굴을 마주할 것입니다. 지금은 부분적으로 압니다. 그러나 그때에는 내가 낱낱이 알려진 만큼 나 또한 낱낱이 알게 될 것입니다.
13 그러므로 현 상황에서 믿음, 소망, 사랑 이 세 가지는 (일정기간 동안) 존재합니다. 그런데 그중에 가장 위대한 것은 사랑입니다.

고전14장

1 여러분은 사랑을 추구하십시오. 더욱이 신령한 것들을 사모하
십시오. 그런데 특별히 예언하기를 사모하십시오.
2 방언으로 말하는 자는 사람들에게 말하지 않고 하나님께 합니
다. 따라서 아무도 알아듣지 못합니다. 더욱이 그는 영으로 비밀
을 말합니다.
3 그러나 예언하는 자는 사람들을 세워주고 권면하고 위로하는
발언을 합니다.
4 방언을 말하는 자는 자신을 세웁니다. 그러나 예언하는 자는 교
회를 세웁니다.
5 이제 나는 여러분 모두가 여러 방언으로 말하기를 원합니다. 그
러나 더더욱 예언하기를 원합니다. 왜냐하면 그가 통역하는 것
외에 달리 교회가 세움 받을 수 없다면, 방언을 말하는 자보다 예
언하는 자가 더 필요하기 때문입니다.

6 그러므로 형제들이여, 만일 내가 지금 즉시 여러분에게로 가서
방언으로 말하고, 계시나 지식이나 예언이나 교훈으로 말하지 않
는다면 무엇으로 여러분을 유익하게 하겠습니까?
7 생명이 없는 피리나 수금조차도 소리를 낼 때, 차별된 소리를
내지 못한다면 피리 소리인지 수금 소리인지 어떻게 알겠습니까?
8 또한 나팔이 분명치 못한 소리를 낸다면, 누가 전투를 준비하겠

습니까?
9 이와 같이 혀로 알아들을 수 없는 말을 한다면, 그 말을 어떻게
알아차리겠습니까? 그렇다면 여러분은 허공을 향해 말하는 것입
니다.
10 세상에 있는 소리의 종류가 대단히 많을 지라도, 그 가운데 의
미 없는 소리는 하나도 없습니다.
11 그러므로 내가 그 소리의 의미를 알지 못한다면, 나는 말하는
자에게 야만인이 되고, 말 하는 자 역시 나에게 야만인이 됩니다.
12 또한 여러분도 이와 같이 신령한 것(은사)을 사모하는 자들이니,
교회의 유익을 위하여 여러분에게 더욱 풍성하기를 구하십시오.

13 바로 이 때문에 방언으로 말하는 자는 통역하도록 기도해야
합니다.
14 만일 내가 방언으로 기도한다면 내 영이 기도하는 것이기 때
문에, 내 마음은 열매가 없습니다.
15 그런즉 어떻게 해야 합니까? 나로서는 영으로 기도하고 또한
마음(이성)으로 기도할 것입니다. 영으로 찬송하고 또한 마음으로
찬송할 것입니다.
16 그렇지 않으면 당신이 영으로 축복할지라도, 초신자들은 당신
이 무슨 말을 하는지 모릅니다. 그러면 당신의 축복에 어떻게 "아
멘" 하겠습니까?
17 비록 당신이 훌륭한 감사기도를 드린다 해도, 다른 사람에게
는 아무런 유익이 없습니다.

18 나는 여러분 가운데 누구보다 더 많이 여러 방언으로 말하므
로, 내 하나님께 감사드립니다.
19 그러나 나는 교회에서 일만 마디의 방언보다 내가 다른 사람을
가르치기 위한 다섯 마디의 알아들을 수 있는 말을 선호합니다.

20 형제들이여, (알아듣는) 이해력에 관하여는 어린아이가 되지 마
십시오. 반대로 악에게는 아기처럼 행동하십시오. 그러나 이해력
에 관하여는 완벽하게 되십시오.
21 율법에 기록되기를 "주께서 이르시되, 내가 다른 방언을 쓰는
자와 다른 입술로 이 백성에게 말할 지라도, 그들은 더 이상 내 말
을 듣지 않으리라."하였습니다. (사28:11)

22 그러므로 이와 같이 방언은 믿는 자가 아니라 오히려 믿지 않
는 자를 위한 표적(간접 증거)입니다. 그러나 예언은 믿지 않는 자
가 아니라 믿는 자를 위한 것입니다.

23 따라서 온 교회가 함께 같은 장소에 모여 모두가 방언으로 말
하는데, 초신자나 믿지 않는 자가 와있다면 여러분을 미쳤다고
하지 않겠습니까?
24 그러나 모두가 예언을 하는데, 믿지 않는 자나 초신자들이 와
있다면, 그는 모든 사람에게 잘못을 지적받고 모든 사람에게 판
단을 받게 됩니다.
25 그리고 같은 방법으로 그 사람 속에 있는 은밀한 것이 드러

나게 됩니다. 그러면 그는 "정말로 하나님이 너희 가운데 계시도
다." 라고 말하면서 하나님께 엎드려 경의를 표할 것입니다.

26 그런즉 어떻게 해야 합니까? 모일 때마다 여러분 가운데 각자
송시(현악기 연주를 곁들인 시편)하는 사람, 교훈하는 사람, 방언하는
사람, 계시하는 사람, 통역하는 사람이 있습니다. 모든 것은 (교회
의) 유익을 위하여 하십시오.
27 만일 어떤 사람이 방언으로 말을 한다면 두 사람 또는 많아야
세 사람이 이어서 순서대로 하고 한 사람은 통역하십시오.
28 통역하는 사람이 없다면, 교회 안에서는 침묵하시고, 자기 자
신과 그리고 하나님께만 (방언으로) 말하십시오.
29 또한 예언하는 자도 두 세 사람이 말하고, 다른 사람들은 주의
깊게 검토하십시오.
30 그러나 곁에 있는 다른 사람에게 계시가 있다면, 먼저 하던 사
람은 침묵하십시오.
31 여러분은 물론 하나하나씩 모두 예언할 수 있습니다. 이는 모
두가 배우고 모두가 권면을 받기 위함입니다.
32 그리고 예언하는 자들의 영은 예언하는 자들에게 통제되어야
합니다.
33 하나님은 무질서하신 분이 아니라 평화의 하나님이십니다. 성
도들의 모든 교회에서와 같이,
34 여러분의 여자들은 교회에서 침묵하십시오. 율법이 말한 대
로, 저들의 말하는 것이 허락되지 않았습니다. 그러므로 순종하십

시오.
35 무엇을 배우기 원한다면, 집에서 남편에게 물으십시오. 여자
들이 교회에서 말하는 것은 부끄러운 일이기 때문입니다.

36 하나님의 말씀이 여러분으로부터 나왔습니까? 혹은 여러분
에게만 임했습니까?

37 만일 어떤 사람이 자신을 선지자나 신령한 자로 생각한다면,
여러분에게 쓰는 이것들이 주님의 명령인줄 아시기 바랍니다.
38 그런데 알지 않겠다면, 알지 마십시오.
39 그러므로 형제들이여, 이와 같이 예언하기를 사모하십시오.
그리고 방언으로 말하는 것을 금하지 마십시오.
40 모든 것을 예의 바르고 질서 있게 하십시오.

고전15장

1 형제들이여, 내가 여러분에게 전한 그 복음에 대하여 알려드립
니다. 여러분이 받았고, 또한 여러분이 그 안에 서 있는 복음입니
다.
2 내가 여러분에게 전해준 말씀을 여러분이 잘 간직하고 달리 헛
되이 믿지 않았다면, 그 복음으로 말미암아 여러분은 구원을 받
습니다.
3 나는 (다른 무엇보다) 먼저, 내가 받은 것을 여러분에게 넘겨주었
습니다. 곧 그리스도는 성경을 따라 우리 죄를 위하여 죽으셨다
는 것과
4 매장되었다는 것과 성경을 따라 사흘 만에 부활하셨다는 것과
5 그리고 게바에게 나타내셨다는 것입니다. 그 후 열 두 제자와
6 오백 명이 넘는 형제들에게 일시에 나타내셨습니다. 그들 중 어
떤 사람은 잠들었으나 대부분 지금까지 살아있습니다.
7 그 후에 야고보에게, 그리고 모든 사도들에게 나타내셨습니다.
8 더욱이 맨 끝에 미숙아 같은 내게도 나타내셨습니다.

9 참으로 나는 사도들 가운데 가장 작은 자입니다. 사도라 불릴
자격조차 없는 사람입니다. 하나님의 교회를 뒤쫓아 가며 핍박했
기 때문입니다.
10 그러나 하나님의 은혜로 나는 (현재의) 내가 되었습니다. 그리

고 그분의 은혜를 헛되지 않게 하려고 정말 모든 사도들보다 훨
씬 더 열심히 일했습니다. 그러나 내가 아니라 나와 함께 하시는
하나님 그분의 은혜입니다.
11 그런즉 나나 그들이나 같은 방법으로 선포하였고, 같은 방법
으로 여러분은 믿었습니다.

12 그런데 그리스도께서 죽은 자들로부터 부활하셨다고 우리가
전하고 있음에도 불구하고, 어찌하여 여러분 가운데 어떤 이는
"죽은 자의 부활이 없다"고 말합니까?
13 만일 죽은 자의 부활이 없으면, 그리스도의 부활 역시 없습니
다.
14 더욱이 그리스도의 부활이 없다면, 어쩌면 우리가 선포하는
것도 헛것이요, 여러분의 믿음도 헛것입니다.
15 그러면 우리 또한 하나님의 거짓증인으로 드러나게 됩니다.
'하나님께서 그리스도를 다시 살리셨다'고 우리가 두루 증언했기
때문입니다. 그러므로 죽은 자가 다시 살아나는 일이 없다면, 하
나님께서 그리스도를 다시 살리신 일도 없습니다.
16 때문에 죽은 자들이 다시 살아나는 일이 없다면, 그리스도 역
시 다시 살아나신 일이 없습니다.
17 그리고 그리스도께서 다시 살아나신 일이 없다면, 여러분의
믿음도 허무하고 여러분은 여전히 죄 가운데 있을 것입니다.
18 또한 잠자는 자들도 의심의 여지없이 사라졌을 것입니다.
19 만일 우리가 그리스도 안에서 소망하는 것들이 겨우 이생뿐이

면, 우리는 모든 사람들 보다 더 불쌍한 자들입니다.
20 그러나 이제 그리스도께서 죽은 자들로부터 다시 살아나심으
로, 잠든 자들의 첫 열매가 되셨습니다.
21 죽음이 사람을 통하여 왔기 때문에, 죽은 자의 부활 역시 사람
을 통하여 옵니다.
22 바로 아담 때문에 모든 사람이 죽은 것같이, 그렇게 그리스도
때문에 모든 사람이 살아나게 될 것입니다.
23 그러나 각기 자기 차례가 있습니다. 첫 열매는 그리스도입니
다. 그 다음에는 그리스도께서 강림하실 때 그와 함께하는 자들
입니다.
24 그 후에 모든 우두머리와 모든 권세와 능력을 멸하시고, 아버
지이신 하나님께 나라를 인도하시면 끝입니다.
25 물론 모든 원수를 그의 발아래에 두실 때까지 그리스도가 통
치해야 합니다.
26 마지막에 완전히 멸망 받을 원수는 죽음입니다.
27 이제 "만물을 그의 발아래 복종시키셨다"고 했으니, 그것이 완
료되었다고 발표하실 때, 만물을 발아래 복종시키신 분은 제외된
것이 명백합니다.
28 만물을 자신에게 복종케 하실 그때에, 그분의 아들 또한 만물
을 자신에게 복종케 하신 분(하나님)에게 복종할 것입니다. 이는
하나님께서 모든 면에서 모든 것 되시기 때문입니다.

29 그렇지 않으면, 죽은 자를 대신해서 침례 받는 자들은 무엇을

하려는 것입니까? 그리고 죽은 자들이 온전히 다시 살아나지 못
한다면, 왜 죽은 자를 대신해서 침례를 받습니까?
30 또한 우리는 왜 시간 시간마다 위험을 감수해야 합니까?
31 형제들이여, 나는 날마다 죽습니다. 그렇습니다, 우리 주 그리
스도 예수 안에서 내가 소유한 우리의 자랑입니다.
32 내가 어떤 사람을 따라 에베소에서 맹수들과 싸우는 검투사가
되었다면, 저축하는 것이 내게 무슨 소용이 있겠습니까? 죽은 자
가 다시 살지 못한다면, "우리는 내일 죽을 텐데 우리가 먹고 마
시자"할 것입니다.
33 속지 마십시오. 나쁜 친구들은 좋은 성품을 파괴합니다.
34 의롭게 깨어나십시오, 그리고 죄를 짓지 마십시오. 어떤 자들
이 하나님에 대하여 무지하기에 여러분을 부끄럽게 하려고 이 말
을 합니다.

35 **반**면에 "죽은 자들이 어떻게 다시 살며 어떤 몸으로 오는가?"
라고 묻는 사람이 있을 것입니다.
36 어리석은 사람이여, 만일 당신이 뿌린 그 씨가 죽지 않으면 살
아나지 못합니다.
37 또한 당신이 뿌린 그것은 앞으로 만들어질 몸이 아니라 아마
도 밀이나 혹은 다른 종류의 속 낱알입니다.
38 그런데 하나님께서 그 뜻대로 씨앗에게 몸을 주시되, 각각의
씨에게 구별된 몸을 (주십니다.)
39 모든 육체는 동일한 육체가 아닙니다. 하나는 참으로 사람의

육체요, 다른 하나는 짐승의 육체입니다. 그리고 하나는 물고기의 것이요, 다른 하나는 새의 것입니다.
40 또한 하늘에 속한 몸이 있고 땅에 속한 몸도 있습니다. 물론 하늘에 속한 영광이 다르고, 땅에 속한 영광도 다릅니다.
41 해의 영광이 다르고, 달의 영광이 다르고, 별들의 영광이 다릅니다. 별마다 영광이 다르기 때문입니다.

42 죽은 자의 부활도 이와 같습니다. 썩을 것으로 심겨지나, 썩지 않을 것으로 다시 삽니다.
43 비천한 것으로 심겨지나, 영광스러운 것으로 다시 삽니다. 약한 것으로 심겨지나, 능력으로 다시 삽니다.
44 육의 몸으로 심겨지나, 신령한 몸으로 다시 삽니다. 육의 몸이 있으면 신령한 몸도 있습니다.
45 기록되기를 "첫 사람 아담은 생령(살아있는 생명체)이 되었다"함과 같이, 마지막 아담은 살리는 영이 되었습니다. (창2:7)
46 그렇지만 신령한 것이 먼저가 아니라 반대로 육체적인 것이 먼저이고, 그 다음이 신령한 것입니다.
47 첫 사람은 땅에서 나와 흙에 속하였고, 둘째 사람은 하늘로부터 오셨습니다.
48 흙에 속한 자(아담)가 그와 같은 것(땅에서 나온 것)처럼, 흙에 속한 자들 또한 그러합니다. 그리고 하늘에 속한 자(그리스도)가 그와 같은 것(하늘로부터 오신 것)처럼 하늘에 속한 자들 또한 그러합니다.

49 그리고 우리가 흙에 속한 자의 형상을 입은 것과 같이, 또한 하늘에 속한 자의 형상을 입을 것입니다.

50 그러나 형제들이여, 내가 이것을 말합니다. 혈과 육은 하나님의 나라를 상속받을 수 없습니다. 즉 썩을 것은 썩지 아니할 것을 상속받지 못합니다.
51 주목하십시오, 여러분에게 비밀을 말합니다. 참으로 우리 모두가 잠잘 것이 아니라 우리 모두는 변화될 것입니다.
52 한 순간에. 눈 깜빡할 사이에. 마지막 나팔에. 이제 나팔소리가 울리면 죽은 자들이 썩지 아니 할 것으로 다시 살고, 우리 역시 변화될 것입니다.
53 왜냐하면 썩을 것이 썩지 아니할 것을 반드시 입어야 하고, 그리고 죽을 것이 죽지 아니함(영원불멸)을 반드시 입어야 하기 때문입니다.
54 그런데 이 썩을 것이 썩지 아니함을 입고 죽을 것이 죽지 아니함을 입을 때, 바로 그때 "사망은 승리 속으로 삼켜지리라"고 기록된 말씀이 이루어질 것입니다. (사25:8)
55 사망아, 너의 찌르는 막대기가 어디 있느냐? 하데스야(죽은 영혼의 거처), 너의 승리가 어디 있느냐? (호13:14)
56 사망의 찌르는 막대기는 죄요, 죄의 권능은 율법입니다.
57 그러나 주 우리 예수 그리스도를 통하여 우리에게 승리를 주시는 하나님께 감사드립니다.

58 그러므로 내 사랑하는 형제들이여, 굳건하게 서서 흔들리지
마십시오. 언제나 주님의 일에 풍성하십시오. 여러분도 알다시피
여러분의 그 수고가 주님 안에서 결코 헛되지 않을 것입니다.

고전16장

1 이제 성도들을 위한 헌금에 관하여 말씀드립니다. 내가 갈라디
아 교회들에게 지시한 것과 똑같이 여러분도 그렇게 행하십시오.
2 내가 갈 때 그제야 헌금하지 않도록, 매 안식일 첫날에 각자 풍
성하게 얻은 것을 저축하여 따로 두십시오.
3 내가 도착하면 언제든지, 여러분이 검증한 자들, 곧 여러분의
은혜(헌금)를 전달해줄 자들을 편지와 함께 예루살렘으로 보낼 것
입니다.
4 그런데 나 또한 (예루살렘으로)가는 것이 합당하다면, 그들과 함
께 가겠습니다.
5 이제 내가 마케도니아를 지나야 하므로, 마케도니아를 횡단할
때 여러분에게로 갈 것입니다.
6 아마 여러분과 함께 잠시 머무르거나 혹은 겨울을 날 수도 있습
니다. 그 후에 내가 가려는 (선교)여행지로 여러분이 나를 보내주
셨으면 합니다.
7 지나는 길에 여러분을 보는 것보다, 주님께서 허락하시면, 잠시
동안 여러분과 함께 머물기를 기대합니다.
8 그런데 오순절까지 에베소에 머물러야 합니다.
9 힘차게 일(복음을 전)할 수 있는 넓은 문이 내게 열렸으나 반대하
는 자들이 많기 때문입니다.

10 이제 디모데가 가게 되면 그가 두려움 없이 여러분과 함께 지
낼 수 있도록 보살펴주시기 바랍니다. 실로 그는 나만큼 주님의
일에 힘쓰고 있습니다.
11 그런즉 누구든지 그를 무시하지 말고, 다시 내게로 올 수 있
도록 평안히 보내주시기 바랍니다. 나는 형제들과 함께 디모데를
기다리고 있습니다.

12 이제 아볼로 형제에 관하여 말씀드립니다. 그의 형제들(아볼로 동역자들)과 함께 여러분에게 갈 것을 그에게 여러 번 권면했습니
다. 역시 지금은 가려는 의지가 전혀 없습니다. 그러나 기회가 되
면 가게 될 것입니다.

13 조심하십시오. 믿음에 굳게 서십시오. 남자답게 처신하십시
오. 강해지십시오.
14 모든 것을 사랑으로 행하십시오.

15 형제들이여, 여러분에게 강권합니다. 여러분도 알다시피, 스
데바나 가족은 아가야의 첫 열매요, 성도들을 섬기려고 자발적으
로 헌신한 가족입니다.
16 때문에 여러분은 그와 같은 자들과 함께 일하며 수고하는 모
든 자들에게 복종하십시오.
17 이제 스데바나와 브드나도와 아가이고가 온 것과, 그리고 그
들이 여러분의 부족한 점을 채웠다하니 나는 행복합니다.

18 그들이 나와 여러분의 영을 재충전해 주었습니다. 그런즉 이
런 분들을 알아주십시오.

19 아시아의 교회들이 여러분에게 문안합니다. 아굴라와 브리스
길라가, 그들의 집에서 모이는 교회와 함께, 여러분에게 자주 문
안합니다.
20 모든 형제들이 여러분에게 문안하니, 여러분도 정결함과 거룩
함의 인사로 서로 문안하십시오.

21 다음은 바울의 친필 문안입니다.
22 누구든지 주 예수 그리스도를 소중히 여기지 않는다면, 그에
게 저주가 있을 지어다. 마라나타! (주님, 오시옵소서!)
23 주 예수 그리스도의 은혜가 여러분과 함께 (할 지어다.)
24 나의 사랑이 그리스도 예수 안에서 여러분 모두와 함께 (할 지
어다.)

고린도후서

고후1장

1 하나님의 뜻으로 말미암아 예수 그리스도의 사도된 바울과 형
제 디모데는, 고린도에 있는 하나님의 교회와 아가야 전체의 모
든 성도에게 (편지를 보냅니다.)
2 은혜와 평화가 우리 하나님 아버지와 주 예수 그리스도로부터
여러분에게 (있을지어다.)

3 하나님을 찬양합니다. 하나님은 주 우리 예수 그리스도의 아버
지시요, 불쌍히 여기시는 아버지 그리고 모든 위로의 하나님,
4 곧 우리의 모든 환난에서 우리를 위로하시는 분이십니다. (따라
서) 하나님으로부터 받는 그 위로를 통하여 모든 환난 가운데 있
는 자들을 능히 위로할 수 있게 하십니다.
5 때문에 그리스도의 고난이 우리에게 넘치는 만큼, 그리스도로
말미암아 그렇게 우리의 위로 또한 넘칩니다.
6 더욱이 우리가 환란을 당한다 해도 그것은 여러분의 위로와 구
원을 위함이요, 우리가 위로를 받는다 해도 그것은 여러분의 위
로와 구원을 위함인즉, 이 위로는 우리가 당하고 있는 것과 동일
한 고난을 (여러분이) 견디는 가운데 힘차게 역사하고 있습니다.
7 따라서 여러분을 위한 우리의 소망은 견고합니다. 여러분이 고
난의 동참자가 된 것과 똑같이 또한 위로에도 그와 같을 줄 알기
때문입니다.

8 형제들이여, 아시아에서 우리에게 일어난 그 고난에 대하여 여
러분이 알지 못하기를 원치 않습니다. 우리는 살아있는 것조차
혼란스러울 만큼 힘에 부치도록 짓눌렸습니다.
9 사실 우리는 스스로에게 사형선고를 내렸습니다, 이는 우리가
우리 자신을 따르지 않고, 다만 죽은 자를 다시 살리시는 하나님
을 따르기 위함이었습니다.
10 하나님께서 이렇듯 큰 사망에서 우리를 건지셨고(과거) 또한
건지시며(현재), 그리고 이후에도 건지실 것을(미래) 희망합니다.
11 그러니 우리를 위한 기도에 함께 참여해 주십시오. 많은 사람
에게서 비롯한 기도는 우리를 하나님의 은사에 이르게 하여, 많은
사람이 우리를 대신하여 (하나님께) 감사를 드리게 될 것입니다.

12 참으로 우리의 자랑은 우리의 양심이 증거 하는 바입니다. 우
리는 세상에서 하나님의 솔직함과 순수함으로, 육체의 지혜가 아
닌 하나님의 은혜로 처신했으며, 게다가 여러분을 대하여는 더더
욱 그러했습니다.
13 우리의 편지는 여러분이 읽을 수 없거나 이해하기 어려운 것
이 아닙니다. 따라서 여러분이 마지막 하나까지 낱낱이 알기를
원합니다.
14 그리고 여러분은 우리를 부분적으로 알았지만, 주 예수의 날
에는 바로 여러분이 우리의 자랑인 것처럼 우리 역시 여러분의
자랑이 될 것입니다.

15 사실 나는 이러한 확신을 가지고 먼저 여러분에게로 갈 계획
입니다. 이는 두 번째 은혜를(선교후원) 여러분에게서 얻으려는 것
입니다.
16 여러분을 지나 마케도니아로 가고, 마케도니아에서 여러분에
게로 갔다가, 여러분의 도움으로 유대로 가고자 합니다.
17 그런즉 내가 이것을 계획하면서, 가볍게 취급하겠습니까? 혹
은 내 앞에 "예 예"와 "아니요 아니요"가 동시에 있게 하려고, 내
가 인간적으로 계획하겠습니까?
18 하나님은 신실하십니다. 따라서 우리가 여러분에게 한 그 말
씀은 "예"와 "아니요"가 동시에 존재하지 않았습니다.
19 물론 우리를 통하여, 즉 나와 실루아노와 디모데를 통하여 여
러분에게 전파된 하나님의 아들 예수 그리스도는 "예"와 "아니
요"가 아니라, 오직 그에게는 "예"만 있었습니다.
20 하나님의 약속은 무엇이든지 그분 안에서 "예"가 됩니다. 그러
므로 그분 안에서 우리로 말미암아 "아멘" 하여 하나님께 영광을
돌리게 됩니다.
21 더욱이 하나님께서 그리스도를 통하여 여러분과 함께 우리를
견고하게 하셔서 우리에게 기름을 부으셨고,
22 또한 우리를 인증하셨고 그리고 보증으로 우리 마음에 성령을
주셨습니다.

23 이제 나는 내 목숨 위에 하나님을 증인으로 모시고 말합니다.
나는 여러분을 아끼려고 아직 고린도에 가지 않았습니다.

24 우리는 여러분의 믿음을 지배하는 자가 아니라, 다만 여러분의 기쁨을 돕는 동역자일 뿐입니다. 참으로 여러분은 이미 믿음에 서있습니다.

고후2장

1 이제 나는 비통함을 가지고 재차 여러분에게 가지 않기로 내 자
신에게 다짐했습니다.
2 만일 내가 여러분을 근심하게 했다면, 나로 인해 근심하게 된 자
외에, 나를 유쾌하게 할 자가 누구입니까?(바로 여러분입니다.)
3 내가 여러분에게 이같이 쓴 이유는, 내가 갔을 때 마땅히 나를
기쁘게 해야 할 자들로부터 내가 슬픔을 얻을까 함이요, 또한 나
는 여러분 모두에게서 '내 기쁨이 여러분 모두의 기쁨'이라는 것
을 확신했기 때문입니다.
4 물론 나는 큰 압박과 불안한 마음(탈출할 수 없는 상황에 갇힌 느낌)
에서 많은 눈물로 여러분에게 편지를 썼습니다. 이는 여러분을
괴롭게 하려는 것이 아니라 다만 내가 여러분을 특별히 사랑하고
있다는 것을 알게 하려는 것이었습니다.

5 그러나 누가 슬프게 했을지라도, 그는 나를 슬프게 한 것이 아
니라 일부입니다. 과장하지 않고 말하면 여러분 모두입니다.
6 이런 자에게는 많은 사람들로부터 받았던 동일한 처벌로 충분
합니다.
7 그러므로 여러분은 오히려 그러한 자가 혹시라도 지나친 근심
에 빠지지 않도록 더 용서하고 위로하십시오.
8 진실로 부탁합니다. 그 사람을 향한 여러분의 사랑을 확증해주

십시오.
9 물론 내가 이것을 쓴 목적은 여러분이 범사에 순종하는지 검증
하여 여러분의 평판을 알아보려는 것입니다.
10 여러분이 누구에게 무엇을 용서하면, 나 역시 그렇습니다. 그
리고 만일 내가 용서했다면, 여러분을 위하여 그리스도 앞에서
용서한 것입니다.
11 이는 우리가 사탄에게 이용당하지 않게 하려는 것입니다. 우
리는 사탄의 의도를 모르는 바 아닙니다.

12 **내**가 그리스도의 복음을 위하여 드로아에 갔을 때, 주님 안에
서 내게 문이 열렸으나
13 내 형제 디도를 찾지 못함으로 내 심령이 편치 못했으나, 저들
과 작별하고 마케도니아로 갔습니다.

14 **그**러나 그리스도 안에서 우리에게 언제나 (승리의) 개선 행진
을 하게 하시고, 또한 각처에서 우리를 통하여 그리스도임을 알
게 하는 향기를 드러내시는 하나님께 감사드립니다.
15 우리는 구원 얻을 자들과 그리고 멸망하는 자들에게 하나님을
위한 그리스도의 향기입니다.
16 진실로 어떤 이들에게는 죽음에 이르는 죽음의 냄새요, 그러
나 어떤 이들에게는 생명에 이르는 생명의 향기입니다. 이러한
일에 충분한 자격이 있는 자가 누구입니까?
17 진실로 우리는 불량품을 섞어 파는 떠돌이 장사꾼 같은 방법

이 아니라, 오직 순수한 동기로 하나님 앞에서 하나님으로부터 나오는 말씀같이 그리스도 안에서 하나님의 말씀을 전하고 있습니다.

고후3장

1 우리가 처음부터 다시 우리 자신을 입증해야합니까? 우리도
어떤 사람들처럼 여러분에게 추천 편지를 보내거나 혹은 여러분
으로부터 추천 편지를 받아야겠습니까?
2 여러분이 우리의 추천 편지입니다. 그것은 우리 마음에 기록되
었고, 그래서 모든 사람이 알 수 있고 읽을 수 있습니다.
3 여러분은 명백하게 드러난, 우리가 섬기는, 그리스도의 편지입
니다. 먹물이 아니라 오직 살아계신 하나님의 영으로, 돌 판이 아
니라 마음 판에 새겨진 편지입니다.

4 더욱이 우리는 그리스도로 말미암아 하나님 앞에서 이러한 확
신을 가지고 있습니다.
5 어떤 일을 우리 자신에게서 비롯된 것처럼 여긴다고 해서 우리
자신에게 자격이 있는 것은 아닙니다. 우리의 자격은 오직 하나
님에게서 비롯됩니다.
6 사실 그분께서 우리로 하여금 새 언약의 일꾼으로 자격을 갖추
게 하셨습니다. 문서가 아니라 영으로 하셨습니다. 문서는 죽이나
영은 살리기 때문입니다.

7 그런데 돌에 새겨진 계명 안에 있는 죽음의 직분일지라도, 심
지어 모세의 얼굴에 나타난 없어질 영광 때문에, 이스라엘 자손

들은 모세의 얼굴을 쳐다볼 수 없었습니다.
8 그렇다면 영의 직분은 더더욱 영광과 함께 있지 않겠습니까?
9 정죄의 직분에도 영광이 있다면, 의의 직분은 더더욱 영광으로
넘칠 것입니다.
10 이런 점에서 이미 영광을 받은 것이 더 월등한 영광 때문에 더
이상 영광을 받지 못하는 것인즉,
11 정녕 없어지는 것도 영광을 통과했다면, 남아있는 것은 더더
욱 영광 안에 머물 것입니다.

12 그런즉 우리는 이와 같은 소망을 가지고 담대하게 행합니다.
13 그리고 모세처럼 이스라엘 자손들로 하여금 없어지는 것의 끝
을 주시하지 못하게 하려고 자신의 얼굴 위에 덮개를 두는 것이
아니라,
14 -이스라엘 자손들의 마음은 무감각해 져서 오늘까지 구약을
낭독할 때에 바로 그와 동일한 덮개가 제거되지 않은 채 남아있
습니다. 이 덮개는 그리스도 안에서 제거됩니다.
15 오늘까지 모세의 글을 낭독할 때마다, 저들의 마음 위에 덮개
가 길게 놓여있습니다.
16 그러나 주님께로 돌아설 때, 그 덮개는 벗어집니다.
17 주님은 영이십니다. 그런즉 주님의 영이 계신 곳에 자유가 있
습니다.-

18 우리 모두는 덮개를 벗은 얼굴로 거울을 보듯 주님의 영광을
봅니다. 그래서 주님의 영을 따라 주님과 같은 가장 영광스런 모
습으로 변화될 것입니다.

고후4장

1 그러므로 우리는 이 직분을 받은 후, 긍휼이 여김을 받은 만큼,
(겁먹은 군사처럼) 위축되지 않고,
2 오히려 숨겨야할 부끄러운 행동을 거부했습니다. 속임수를 쓰
지 않았고, 하나님의 말씀을 왜곡하지도 않았습니다. 이제 우리는
하나님 앞에서 사람들의 모든 양심을 향해 진실하게 공개적으로
우리 자신을 추천합니다.
3 그러나 만일 우리의 복음이 가려져 있다면, 그것은 멸망하는 자
들에게 가려진 것입니다.
4 그들 속에 있는 이 세상의 신이 그리스도의 영광스런 복음의 빛
을 그들에게 비추지 못하게 하려고, 믿지 않는 자들의 마음의 눈
을 멀게 했습니다. -그리스도는 하나님의 형상입니다.-
5 참으로 우리는 우리 자신을 전하지 않습니다. 오직 그리스도 예
수의 주되심과 또한 우리 자신이 예수님 때문에 여러분의 종 된
것을 전할 뿐입니다.
6 "어두운 곳에 빛이 비춰라."고 말씀하셨던 하나님께서 예수 그
리스도의 얼굴에 있는 하나님의 영광을 아는 빛으로 우리 마음속
에 비춰셨습니다.(창1:3)

7 그런데 우리는 이 보물을 질그릇 속에 지니고 있습니다. 이는
그 능력의 뛰어남이 하나님에게 있고 우리에게 있지 않게 하려는

것입니다.
8 우리는 사방으로 압박당해도 움츠러들지 않습니다. 어찌할 줄
몰라도 어찌할 줄 몰라 하지 않습니다.(낙심하지 않습니다. 언어유희)
9 추적을 당해도 버려지지 않습니다. 맞아 쓰러져도 멸망하지 않
습니다.
10 우리는 항상 주 예수의 죽음을 몸에 지니고 다닙니다. 이는 또
한 예수의 생명이 우리 몸에 명백하게 드러나게 하려는 것입니
다.
11 살아있는 우리는 항상 예수를 위하여 죽음에 넘겨집니다. 이
또한 예수의 생명이 우리의 죽을 육체에 드러나게 하려는 것입니
다.
12 이런 이유로 사망은 진실로 우리 안에서, 그러나 생명은 여러
분 안에서 힘차게 역사합니다.
13 이제 우리는 믿음이라는 같은 영을 가지고, "내가 믿었으므로
말하였다"는 기록된 말씀을 따라 우리 역시 믿기 때문에 말합니
다. (시116:10)
14 우리는 주 예수를 다시 살리신 하나님께서 또한 예수님 때문
에 우리를 다시 살리실 것이며, 그리고 여러분과 함께 그 곁에 서
게 하실 것을 이미 알았습니다.
15 이 모든 일은 여러분을 위한 것입니다. 이는 많은 사람들로 인
하여 은혜가 더해져서 하나님의 영광을 위하여 감사함을 넘치게
하려는 것입니다.

16 그러므로 우리는 낙심하지 않습니다.(겁먹지 않습니다.) 비록 우
리의 겉 사람은 철저히 부패할 지라도, 속사람은 나날이 새로워
집니다.
17 사실 우리가 잠시 당하는 고난의 무게는 가볍습니다. 그러나
그것은 측량할 수 없는 무게를 지닌 영원한 영광을 우리에게 만
들어줍니다.
18 우리는 보이는 것이 아니라 보이지 않는 것에 주목합니다. 보
이는 것은 잠깐이요, 보이지 않는 것은 영원하기 때문입니다.

고후5장

1 만일 땅에 있는 우리의 장막(임시숙소, 육신의 몸)이 무너지면, 하
나님께서 지으신 건물 곧 사람의 손으로 짓지 않은, 하늘에 속한
영원한 집이 우리에게 있다는 것을 이미 알았으나,
2 이제 우리는 이 장막에서 탄식하며, 하늘로부터 오는 우리의 집
(영적인 몸)으로 덧입기를 간절히 원하고 있습니다.
3 정녕 우리가 입었다면 벌거벗은 자로 발견되지 않을 것입니다.
4 그러나 이제 이 장막에 있는 우리는 무거운 짐에 눌려 탄식하고
있습니다. 때문에 우리는 벗기 보다는 오히려 덧입으려 합니다.
이는 죽을 몸이 생명에게 삼켜지게 하려는 것입니다.
5 그런데 우리로 하여금 이것을 이루게 하시는 분은 하나님이십
니다. 또한 그 보증으로 우리에게 성령을 주신 분도 하나님이십
니다.

6 그러므로 우리는 언제나 담대합니다. 하지만 우리가 몸에 거할
때는 주님과 떨어져 산다는 것을 이미 알았기 때문에,
7 우리는 믿음으로 행하고 보이는 것으로 행하지 않습니다.
8 지금 우리는 담대합니다. 하지만 몸을 떠나 주님과 함께 거주하
는 것을 더 기뻐합니다.
9 그러므로 우리는 머물든지 떠나든지, 주님을 기쁘시게 해 드리
는 자 되기를 원합니다.

10 물론 각자 몸으로 행한 것에 대하여 좋은 것이든 나쁜 것이든 (보응을) 받으려면, 우리 모두를 그리스도의 심판대 앞에 반드시 드러내야 합니다.

11 우리는 주님의 (그 심판대가 얼마나) 두려운지 이미 알았기 때문에 사람들을 설득합니다. 우리는 하나님 앞에 이미 (관찰 가능한 상태로) 드러나 있습니다. 또한 여러분의 양심에 까지도 드러나기를 원합니다.
12 여러분에게 다시 우리 자신을 추천하는 것이 아닙니다. 다만 여러분에게 우리에 관하여 자랑할 구실을 제공하여, 마음이 아니라 외모를 자랑하는 자들을 대처하게 하려는 것입니다.
13 만일 우리가 미쳤다면 그것은 하나님을 위해서입니다. 또한 정신이 온전하다면 그것도 여러분을 위해서 입니다.
14 왜냐하면 그리스도의 사랑이 우리를 포위하고 있기 때문입니다. 그래서 우리는 이런 결론에 이르렀습니다. 즉 한 사람이 모든 사람을 대신하여 죽었다면, 의심의 여지없이 모든 사람이 죽은 것입니다.
15 그리고 그가(그리스도) 모든 사람을 대신하여 죽으심은, 산 자들로 하여금 더 이상 자신을 위하여 살지 않고, 자신을 대신하여 죽었고 그리고 다시 살아나신 그분을 위하여 살게 하려는 것입니다.

16 그러므로 우리는 바로 지금부터 어떤 사람도 인간적으로 알지 않기로 했습니다. 우리조차도 그리스도를 인간적으로 알았으

나, 이제는 아닙니다.
17 그런즉 누구든지 그리스도 안에 있으면 새로운 피조물입니다.
옛것은 지나갔습니다. 보십시오, 모든 것이 새것으로 변했습니다.
18 더욱이 이 모든 것은 하나님으로부터 비롯됩니다. 그리고 하
나님은 예수 그리스도를 통하여 우리와 화해하셨고 그리고 우리
에게 화해의 직분을 주셨습니다.
19 하나님께서 그리스도 안에서 세상과 (화해하신 이후 지금도) 화해
하고 계시는 만큼, 저들의(세상의) 과오를 저들에게 계산하지 않으
시고, 화해의 계산서를 우리에게 맡기셨습니다.
20 그런즉 우리는 그리스도를 대신하는 특사가 되어 하나님께서
우리를 통하여 권면하시는 것처럼, 그리스도를 대신하여 간청합
니다. 여러분은 하나님과 화해하십시오.
21 죄를 알지도 못하는 그리스도에게 우리를 대신하여 죄를 책
임지게 하셨으니, 이는 우리로 하여금 그리스도 안에서 하나님의
의가 되게 하려는 것입니다.

고후6장

1 더욱이 하나님과 함께 일하는 우리 또한 여러분에게 권합니다.
하나님의 은혜를 헛되이 받지 마십시오.
2 말씀하시기를 "내가 받을 만한 때에 너에게 들었고, 구원의 날
에 너를 도왔도다."했습니다. (사49:8) 보십시오, 지금은 받아들여
질 만한 때요, 보십시오, 지금은 구원의 날입니다.
3 우리는 그 직분이 비방을 받지 않게 하려고, 무엇에든지 아무에
게도 비방의 빌미를 주지 않고,
4 오직 모든 일에 하나님의 일꾼처럼 우리 자신을 입증했습니다.
많은 인내 가운데, 환란 가운데, 궁핍 가운데, 고통가운데,
5 매 맞는 가운데, 감옥살이 가운데, 폭동 가운데, 고된 일 가운데.
수면부족가운데, 굶주림 가운데
6 깨끗함으로, 지식으로, 꿋꿋함으로, 너그러움으로, 성령으로, 진
실한 사랑으로,
7 진리의 말씀으로, 하나님의 능력으로, 좌우에 지닌 의의 병기를
통하여,
8 영광과 수치를 통하여, 명예훼손과 칭찬을 통하여 (입증했습니다.)
속이는 자 같으나 참되며,
9 모르는 자 같으나 아는 자입니다. 죽은 자 같으나 보십시오, 살
아있습니다. 채찍에 맞으나 죽지 않았습니다.
10 근심하는 자 같으나 항상 기뻐합니다. 가난한 자 같으나 많은

사람들을 부요하게 합니다. 아무 것도 없는 자 같으나 모든 것을 가졌습니다.

11 고린도 사람들이여, 여러분을 향하여 우리의 입은 이미 열려
있고(기탄없이 말하다), 마음은 넓어져 있습니다.
12 여러분은 우리 때문에 좁아진 것이 아니라, 여러분의 심정 때
문에 좁아진 것입니다.
13 내가 자녀에게 하듯 말합니다. 이제 (내가 마음을 넓힌 만큼)동일
한 보답으로, 여러분 역시 넓히십시오.

14 여러분은 믿지 않는 자들과 기울어진 멍에를 같이 매지 마십
시오. 의와 불법이 어찌 함께한단 말입니까? 또한 빛과 어두움이
어찌 교제합니까?
15 그리스도와 벨리알(히브리어. 베리야알. 사악한 파괴자)이 어떻게 일
치하며, 믿는 자와 믿지 않는 자가 어떻게 (할당된)몫을 나누어 가
질 수 있겠습니까?
16 더욱이 하나님의 성전과 우상이 어떻게 일치하겠습니까? 여
러분은 살아계신 하나님의 성전입니다. "내가 그들 가운데 거하
며, 두루 행하며, 나는 그들의 하나님이 되고, 그들은 나의 백성이
될 것이라."고 하나님께서 이와 같이 말씀하셨습니다. (렘32:28)
17 "그러므로 너희는 그들로부터 떠나라. 선을 그으라."고 주께서
말씀하십니다. (사52:11) 그리고 "더러운 것을 만지지 말라. 내가
너희를 영접할 것이라."(겔20:41)

18 그리고 "나는 너희에게 아버지가 될 것이라. 너희는 내게 아들과
딸이 될 것이라."고 만유의 주재이신 주께서 말씀하십니다. (삼하7:14)

고후7장

1 그런즉 사랑하는 자들이여, 우리는 이런 약속들을 가졌으니, 영
육간의 온갖 더러움에서 우리 자신을 깨끗하게 하여 하나님을 경
외하는 가운데 거룩함을 완수합시다.

2 우리 자리를 마련해 주시기 바랍니다. 우리는 누구도 기만하지
않았습니다. 누구도 해치지 않았습니다. 누구의 돈도 탐하지 않았
습니다.
3 반대를 예상해서 하는 말이 아닙니다. 우리 마음속에 여러분이
있기 때문에 함께 죽고 함께 살기 위함이라고 전에 이미 말했습
니다.
4 내게는 여러분에게 마음 놓고 말할 수 있고, 여러분에 관한 자
랑거리도 많아, 나는 이미 위로로 가득합니다. 그래서 지금은 우
리의 온갖 환란 가운데서도 기쁨이 넘칩니다.

5 사실 우리가 마케도니아에 도착했을 때 육신이 자유롭지 못하
였고, 사방에서 환란을 당하였으니, 밖에서는 싸움이요 안에서는
두려움이었습니다.
6 그러나 비천한 자를 위로하시는 하나님께서 디도를 보내주심
으로 우리를 위로해 주셨습니다.
7 그 위로는 디도가 나타난 것 뿐 만이 아니라 디도가 여러분에게

서 받은 위로 때문입니다. 여러분의 열정과, 애통함과, 나를 위한
여러분의 불타는 열심을 그가 우리에게 보고함으로, 나는 심히
기뻤습니다.
8 비록 내가 그 편지로 여러분을 슬프게 했을 지라도, 지금은 후
회하지 않습니다. 사실 잠시일지라도 그 편지가 여러분을 슬프게
했다는 것을 알고 나 역시 잠시 후회했었습니다.
9 지금 나는 행복합니다. 여러분을 슬프게 했기 때문이 아니라,
여러분이 회개할 목적으로 슬퍼했기 때문입니다. 참으로 여러분
은 하나님을 따라 슬퍼했습니다. 이는 여러분 가운데 아무도 우
리에게서 손해를 입지 않게 하려는 것입니다.
10 하나님을 따라 슬퍼하는 것은 후회할 필요 없는 구원에 이르
게 하는 회개를 가져다줍니다. 그러나 세상의 근심은 죽음을 가
져다줍니다.
11 보십시오, 이와 같은 방법으로 하나님을 따른 여러분의 슬픔
은 얼마나 많은 것을 여러분에게 가져다주었습니까? 그것은 열성
적인 헌신과, 변증과, 분개와, 두려움과, 열망과, 열심과, 징벌들입
니다. 이러한 것으로 여러분은 모든 면에서 여러분 자신의 깨끗
함을 입증했습니다.
12 그러므로 내가 이것을 여러분에게 썼을 지라도, 불의를 행한
자들이나 불의를 당한 자들 때문이 아니라, 우리를 위한 여러분
의 열정적인 헌신을 하나님 앞에서 여러분에게 드러내려는 것입
니다.
13 이것으로 우리가 위로를 받았습니다. 여러분의 위로 위에 더

도의 기쁨이 더함으로 우리는 훨씬 더 행복했습니다. 그의 영이
여러분 모두로부터 생기를 되찾았기 때문입니다.
14 내가 여러분에 관하여 디도에게 자랑했을 지라도 나는 부끄
럽지 않습니다. 왜냐하면 우리가 여러분에게 모든 것을 진심으로
말했던 것처럼, 그와 같이 디도에게 했던 여러분에 대한 자랑 역
시 진실하기 때문입니다.
15 그리고 여러분이 디도를 두려움과 떨림으로 영접해준 만큼,
그는 여러분 모두의 순종을 회상하면서, 여러분을 향한 사랑의
관심은 훨씬 더 각별해졌습니다.
16 여러분 안에서 범사에 힘을 얻으니 나는 행복합니다.

고후8장

1 형제들이여, 이제 마케도니아 교회들 위에 허락하셨던 하나님의 그 은혜에 관하여 여러분에게 알려드립니다.
2 여러분의 선한 뜻을 알았기 때문입니다. 그래서 마케도니아 성도들에게 "아가야는 작년부터 준비했다"고 자랑했습니다. 또한 여러분의 열정으로 말미암아 많은 사람들이 자극을 받았습니다.
3 내가 증인입니다. 저들은 능력에 따라 또는 능력을 초과하여 기꺼이 헌금했습니다.
4 저들은 많은 위로와 함께, 그 은혜(헌금)와, 자신들을 받아주었던 (예루살렘)성도들을 섬기는 일에 참여할 수 있도록 우리에게 간청했습니다.
5 또한 우리가 기대한 것 이상으로 그들 스스로 먼저 주님께 드렸고(예루살렘을 위한 헌금) 또한 하나님의 뜻으로 말미암아 우리에게도 주었습니다.(선교헌금)
6 우리가 디도를 권면한 목적은, 그가 먼저 시작한 만큼, 여러분 중에서도 이 은혜를 채우게 하려는 것입니다.
7 사실 여러분은 모든 면에서 곧 믿음과, 말씀과, 지식과, 열정적인 헌신과, 우리에 대한 사랑에 있어서 넘치는 만큼, 이 은혜(예루살렘을 위한 헌금)에 있어서도 넘치기를 바랍니다.

8 명령으로 하는 말이 아닙니다. 다만 다른 사람들의 열정적인

헌신으로 말미암아 여러분의 사랑이 얼마나 진실한지 확인하려
는 것입니다.
9 주 우리 예수 그리스도의 은혜, 곧 그의 부요함에도 불구하고
여러분을 위하여 가난하게 되셨고, 그 가난함으로 여러분을 부요
케 하시려는 그 은혜를 여러분은 알고 있습니다.
10 이 일(예루살렘을 위한 헌금)에 관하여 내 견해를 밝힙니다. 이것
이 여러분에게 유익하기 때문입니다. 여러분은 지난 해 부터 원
했을 뿐 아니라 실행했습니다.
11 이제는 마무리 지읍시다. 어떠하든지 선한 뜻으로 시작한 만
큼, 가진 것으로 마무리해 주시기 바랍니다.
12 기꺼이 하려는 마음만 있다면, 있으면 있는 대로, 없으면 없는
대로 받으실 것입니다.
13 다른 사람들은 편하게 하고, 여러분은 힘들게 하려는 것이 아
니라, 균등하게
14 이 기회에 여러분의 넘치는 것으로 저들의 부족함을 채우고,
또한 저들의 넘치는 것으로 여러분의 부족함을 채워, 어떠하든지
균형을 이루게 하려는 것입니다.
15 "많이 거둔 자도 남지 아니하였고 적게 거둔 자도 모자라지 아
니하였다."라고 기록된 말씀과 같습니다. (출16:18)

16 더욱이 디도의 마음에 바로 그와 같은 열심을 주신 하나님께
감사드립니다.
17 그는 우리의 권면을 받아들였고, 더욱이 긴급하게 자원하여

여러분에게로 갔습니다.
18 우리는 디도와 함께하는 한 형제를 보냈습니다. 그는 모든 교
회에서 복음으로 칭찬 받는 형제입니다.
19 뿐만 아니라 그는 여러 교회에 의해 투표로 선출되어 우리와
함께 선교여행 하는 형제입니다. 그리고 주님의 영광과 여러분의
선한 뜻을 위하여 우리에게 맡겨진 이 은혜의 일에 동참하고 있
습니다.
20 우리가 사전에 이 일을 돌아봄으로 우리에게 맡겨진 이 거액
의 헌금과 관련하여 누구도 우리를 비방하지 못하게 하려는 것입
니다.
21 미리 주의한다는 것은 주님 앞에서 뿐 아니라 사람 앞에서 아
름다운 일입니다.
22 또한 저들과 함께 우리의 형제도 보냈습니다. 우리는 여러 일
로 여러 번 그의 열정을 확인했습니다. 더욱이 여러분을 향한 신
뢰가 큼으로, 지금은 열정으로 더욱 가득합니다.
23 디도와 관련하여, 그는 나의 협력자요 여러분을 위한 동역자
입니다. 그리고 우리 형제들은 여러 교회의 사도들(보냄을 받은 자
들)이요 그리스도의 영광입니다.
24 그러므로 그들에게 여러분의 사랑과, 우리가 여러분에 대하여
자랑했던 그 증거를 나타내십시오. 또한 여러 교회 앞에도 (나타내
십시오.)

고후9장

1 이제 성도들을 섬기는 그 일에 대하여 여러분에게 더 쓸 필요가 내게는 없습니다.

2 여러분의 선한 뜻을 알았기 때문입니다. 그래서 마케도니아 성도들에게 "아가야는 작년부터 준비했다"고 자랑했습니다. 또한 여러분에게서 출발한 열렬한 관심은 많은 사람들을 자극했습니다.

3 그럼에도 내가 형제들을 (여러분에게) 보낸 것은, 그 일에 있어서 여러분에 대한 우리의 자랑이 헛되지 않고, 내가 말한 대로 여러분이 준비할 수 있게 하려는 것입니다.

4 혹시라도 마케도니아 성도들이 나와 함께 가서, 준비 안 된 여러분을 발견하게 된다면, 이 자랑스러운 계획(헌금)과 관련하여, 우리뿐 아니라 여러분도 수치를 당하지 않을까 하여,

5 그 형제들로 하여금 여러분에게 가서, 여러분이 약속한 헌금을 미리 준비하도록 권면할 필요가 있다고 생각했습니다. 이렇게 준비함이 강요에 의한 헌금이 아니라 헌금다운 헌금입니다.

6 이것은 또한 "인색하게 뿌리는 자는 인색하게 거두고, 관대하게 뿌리는 자는 관대하게 거둔다."는 것입니다.

7 각자 마음에 정한대로 하시고, 싫은 것을 억지로 하거나 의무적으로 하지 마십시오. 하나님은 기분 좋게 내는 자를 사랑하십니다.

8 하나님은 여러분에게 모든 은혜를 능히 넘치게 하십니다. 이는
모든 면에서 항상 모든 것이 넉넉하여 모든 선한 일을 더 많이 할
수 있게 하려는 것입니다.
9 기록되기를 "그가 재물을 흩어 빈궁한 자들에게 주었으니 그의
의가 영구히 있으리라"는 말씀과 같습니다. (시112:9)
10 더욱이 뿌리는 자에게 씨와 먹을 양식을 주시는 분께서 여러
분의 씨앗을 (후원자로서) 너그럽게 공급해 주시고, 크게 증가시켜
주시기를 원합니다. 또한 여러분의 의의 열매를 더 자라게 해주
시기를 원합니다.
11 모든 면에서 모든 신실한 헌신을 통해 여러분이 풍부해짐으
로, 우리로 말미암아 결국 누구든지 (은혜를 베풀어 주신) 하나님께
감사하게 됩니다.
12 왜냐하면 물질로 돕는 이 섬김은 (예루살렘) 성도들의 부족함을
충분히 공급할 뿐 아니라, (은혜를 베풀어 주신) 하나님께 드리는 많
은 감사로 인하여 더 풍성해지기 때문입니다.
13 이 섬김의 증거를 통하여, 그리스도의 복음에 대한 여러분의
고백에 어울리는 순종과, 그들(예루살렘 성도들)과 모든 사람에 대한
성도의 교제에 어울리는 신실한 헌신으로 인하여, 그들이 하나님
께 영광을 돌리면서,
14 또한 그들이 여러분을 위하여 간구하며, 여러분에게 주신 하
나님의 특별한 은혜로 말미암아 여러분을 사모하리니,
15 참으로 이루 다 말할 수 없는 그분의 선물로 인하여 하나님께
감사드립니다.

고후10장

1 이제 바로 나 바울은 그리스도의 정중함과 너그러움으로 여러
분을 권면합니다. 나는 여러분과 직접 대면하면 겸손(저자세)하나
떠나 있으면 담대합니다.
2 그러나 우리가 여러분 곁에 있을 때, 내가 (주제넘게) 담대하다고
여기는 그런 자신감으로 육체를 따라 행하는 것으로 생각되는 어
떤 자들에 대하여 용기를 내지 않게 해 주십시오.
3 참으로 우리는 육체로 행하나 육체를 따라 싸우지 않습니다.
4 우리의 전투무기는 세상적인 것이 아니라 견고한 성과 같은 모
든 논리를 파괴하는 하나님의 강한 능력입니다.
5 하나님께 속한 지식을 대적하는 모든 공성퇴를 무너뜨리고 또
한 모든 사상을 포로로 사로잡아 그리스도께 복종시킵니다.
6 뿐만 아니라 여러분의 순종이 완성될 때 모든 불순종에 대한 징
벌을 준비하고 있습니다.

7 그런데 여러분은 외모를 보고 있습니다. 만일 어떤 사람이 자
신을 그리스도의 사람인 줄로 확신한다면, 자신이 그리스도의 사
람인 것과 같이 우리도 역시 그리스도의 사람이라는 것을 다시금
헤아려 보시기 바랍니다.
8 어떤 경우에는 우리의 권위에 대하여 어느 정도 지나치게 자랑
했을 지라도, 나는 부끄럽지 않습니다. 주님께서 우리에게 주신

그 권위는 여러분을 무너뜨리려는 것이 아니라 세우려는 것이기
때문입니다.
9 나는 이 편지로 여러분에게 겁을 주는 것처럼 보이게 하려는 것
이 아닙니다.
10 그들이 말하기를, "참으로 그 편지들은 무게가 있고 힘이 있으
나, 직접 대면해보니 나약하며 말도 시원치 않다."고 합니다.
11 이런 자들은 우리가 떠나있을 때 편지로 말하는 것처럼, 곁에
있을 때에도 역시 그렇게 행동하고 있다는 것을 헤아려야 합니다.

12 우리는 자기 스스로를 추천하는 어떤 부류에다 우리 자신을
넣거나 또는 비교할 정도로 뻔뻔하지는 않습니다. 그러나 저들은
자신들을 자신들로 평가하고, 자신들을 자신들에게 비교하니 이
해할 수 없습니다.
13 그러나 우리는, 지나친 자랑이 아니라, 다만 하나님께서 우리
에게 나눠주신 기준분량에 따라, 실로 여러분에게 이르렀습니다.
14 물론 우리는 여러분에게 이르지 못할 것으로 생각하여, 우리
스스로 지나쳐 더 나아간 것은 아닙니다. 참으로 우리는 그리스
도의 복음 안에서 여러분에게 이르렀습니다.
15 우리는 다른 사람이 수고하여 이미 이루어 놓은 것을 가지고
자랑 하지 않습니다. 다만 여러분 가운데서 여러분의 믿음이 더
욱 성장하여 우리 기준을 따라 더욱 크게 확장되기를 바랄 뿐입
니다.
16 이는 다른 사람의 관할구역(선교지역) 안에서 이미 이루어 놓은

것을 가지고 자랑하려는 것이 아니라, 여러분을 넘어서 복음을 전파하기 위함입니다.

17 "자랑하는 자는 주 안에서 자랑하십시오."(렘9:24)
18 왜냐하면 인정받는 자는 자신을 칭찬하는 자가 아니라, 주께서 칭찬하시는 자이기 때문입니다.

고후11장

1 아, 여러분은 나의 어리석음을 조금 참아주십시오. 정말 참아주십시오.

2 참으로 나는 하나님에 의한 열정으로 여러분을 간절히 사모하여, 순결한 처녀를 한 남자 곁에 세우려고 내가 여러분을 그리스도께 연결(중매)했습니다.

3 그러나 뱀이 하와를 속임수로 유혹한 것처럼 그렇게 여러분의 마음이 그리스도를 향한 진실함과 (순결함)에서 멀어져 시들지 않을까 나는 두렵습니다.

4 왜냐하면 어떤 사람이 가서, 우리가 전하지 않은 다른 예수를 전파함에도 불구하고, 여러분이 받지 아니한 다른 영을 받아드리고, 혹은 여러분이 영접하지 아니한 다른 복음을 잘도 들어주었기 때문입니다.

5 나는 보다 뛰어난 큰 사도들보다 전혀 부족함이 없다고 생각합니다.

6 나로서는 말하는 것이 비록 어눌할지라도 지식에 관해서는 그렇지 않습니다. 우리는 모든 면에서 많은 것으로 여러분에게 명백하게 드러냈습니다.

7 혹시라도 여러분을 높이기 위하여 내 자신을 낮추면서, 여러분에게 하나님의 복음을 값없이 전함으로 내가 (책임 져야 할) 죄를 범했습니까?

8 나는 다른 여러 교회에서 비용(군인의 양식)을 뜯어냈습니다. 여
러분을 섬기기 위해서입니다.
9 하지만 여러분에게 도착했을 때 바닥났습니다. 그러나 아무에
게도 신세를 지지 않았습니다. 진실로 마케도니아에서 온 형제들
이 나의 부족함을 공급했습니다. 그리고 모든 면에서 여러분에게
짐이 되지 않도록 스스로를 지켰고 또한 지킬 것입니다.
10 나에 대한 이 자랑은 아가야 지방에서 봉인하지 않을 것입니
다. 그리스도의 진리가 내 안에 있습니다.
11 무슨 이유인가요? 내가 여러분을 사랑하지 않기 때문인가요?
하나님은 이미 아십니다.

12 그러나 이것을 내가 (지금) 행하고 있으며 (앞으로도) 행할 것입
니다. 이는 기회를 바라는 자들의 그 기회를 잘라내려는 것입니
다. 다시 말해 저들이 자랑하는 것과 관련해서 바로 우리처럼 발
견되게 하려는 것입니다.
13 바로 그런 자들이 거짓 사도요, 교활한 일꾼이요, 그리스도의
사도로 가장한 자들입니다.
14 놀라운 일이 아닙니다. 사탄도 자신을 빛의 사자로 보이게 합
니다.
15 그러므로 사탄의 일꾼들이 의의 일꾼인양 가장할지라도 대단
한 일이 아닙니다. 그들의 결말은 그 행위대로 될 것입니다.

16 다시 한 번 말합니다. 누구든지 나를 (다양한 측면을 헤아리지 못하

는) 어리석은 자로 여기지 마십시오. 적어도 그렇지 않다면, 내가
조금은 자랑할 수 있도록 나를 어리석은 그대로 영접해 주십시오.
17 내가 (지금) 말하고 있는 것은 주님을 따라 하는 말이 아닙니다.
어리석지만 그런 확신을 가지고 자랑하겠습니다.
18 많은 사람이 육체를 따라 자랑하기 때문에, 나도 자랑합니다.
19 여러분은 지혜가 있다고 하면서 어리석은 자들을 기쁘게 참아
주고 있습니다.
20 누가 여러분을 종으로 삼을지라도, 누가 집어 삼킬지라도, 누
가 붙잡을지라도, 누가 대적할지라도, 누가 여러분의 얼굴을 때릴
지라도 여러분은 참아주고 있습니다.
21 우리가 연약했을 때처럼, 내가 상스러운 말 좀 하겠습니다. 누
가 어떤 일에 뻔뻔하다면, 어리석은 말이지만, 나 역시 뻔뻔하겠
습니다.
22 저들이 히브리인입니까? 나 역시 그러합니다. 저들이 이스라
엘사람입니까? 나 역시 그러합니다. 저들이 아브라함의 씨입니
까? 나 역시 그러합니다.
23 저들이 그리스도의 일꾼입니까? 정신 나간 말이지만, 나 역시
보다 더 그러합니다. 수고도 더 많이 했습니다. 매도 수 없이 맞았
습니다. 감옥에도 더 많이 갔습니다. 죽을 고비도 여러 번 넘겼습
니다.
24 유대인들에게 사십에서 하나 모자란 매를 다섯 번 맞았습니
다.
25 몽둥이로 세 번 맞았습니다. 돌에 한 번 맞았습니다. 암초에 걸

려 세 번 파선했습니다. 이십 사 시간 하루 종일 깊은 바다 속에
있었습니다.
26 여러 번 여행길에 오르며, 홍수의 위험, 강도의 위험, 원주민들
의 위험, 외국인들의 위험, 도시에서의 위험, 광야에서의 위험, 바
다에서의 위험, 거짓형제들과 관련된 위험들을 당했습니다.
27 힘들고 고통스러웠습니다. 여러 번 잠도 못 잤습니다. 배고프
고 목말랐습니다. 여러 번 굶었습니다. 춥고 헐벗었습니다.
28 다른 것들은 차치하더라도, 모든 교회를 염려하는 마음이 날
마다 나를 압박했습니다.
29 누가 아프면, 나도 아프지 않겠습니까? 누가 함정에 빠지면,
나 역시 분노하지 않겠습니까?

30 자랑할 수밖에 없는 상황이라면, 나는 나의 연약함을 자랑하
겠습니다.
31 영원토록 찬양 받으실 하나님이시요 주 우리 예수 그리스도의
아버지께서는, 내 말이 거짓이 아님을 이미 아십니다.
32 다메섹에서 아레다(나바테아, 페트라)왕의 행정장관이 나를 체포
하려고 다메섹 성을 지키고 있었습니다.
33 그러나 나는 창문을 통해 광주리로 성벽을 타고 내려가 그의
손에서 벗어났습니다.

고후12장

1 자랑한다는 것은 의심의 여지없이 내게 무익합니다. 그러나 주님의 환상과 계시에 관하여 말하겠습니다.

2 내가 십 사년 전에 그리스도 안에서 한 사람을 알았습니다. 그가 셋째 하늘까지 끌려 올라갔는데, 몸 안에 있었는지 나는 알지 못했습니다. 몸 밖에 있었는지 나는 알지 못했습니다. 하나님은 아셨습니다.

3 또한 나는 이런 사람을 알았습니다. 몸 안에 있었는지 몸 밖에 있었는지 나는 알지 못했습니다. 하나님은 아셨습니다.

4 다시 말해 그는 낙원(축복받은 이들의 왕국)에 끌려 올라가서, 사람에게 말하는 것이 허락되지 않은, 표현할 수 없는 (주목할 만한) 말씀을 들었습니다.

5 나는 이제 이런 사람에 관하여 자랑하겠습니다. 그러나 내 자신에 대하여는, 내가 연약한 가운데 있다는 것 외에는 자랑하지 않겠습니다.

6 물론 내가 자랑하기를 원한다 할지라도, 결코 나는 어리석은 자가 아닙니다. 진실을 말하기 때문입니다. 이제 누가 나를 보는 것이나 혹은 나에게서 듣는 것 이상으로 나에 대하여 취급하지 않도록 조심하겠습니다.

7 그러나 그 계시들이 매우 특별했기 때문에, 내가 자고하지 않도록, 가시가 내 육체 안에 주어졌습니다. 곧 사탄의 사자입니다. 이는 나를 주먹으로 쳐서라도 자고하지 않게 하려는 것입니다.

8 나는 이것을 내게서 떼어놓으려고 세 번 주님을 가까이서 불렀
습니다.
9 그러나 주님은, "내 은혜가 네게 충분하다. 내 능력은 연약함을
통하여 온전해지기 때문이다"라고 내게 말씀하셨습니다. 그러므
로 나는 오히려 가장 기쁘게 나의 연약한 것들에 관하여 자랑할
것입니다. 그리스도의 능력이 내 위에 머물 것이기 때문입니다.
10 그러므로 나는 연약함과, 능욕과, 재난과, 핍박과, (압박당하는)
고통 중에도 기뻐합니다. 그리스도 때문에, 이제 약할 때마다 나
는 할 수 있습니다.

11 나는 어리석은 자가 되었습니다. 여러분이 나로 하여금 억지
로 자랑하게 했습니다. 그렇다면 나는 여러분에게 인정받아야 마
땅합니다. 내가 비록 아무것도 아닐지라도, 보다 뛰어난 큰 사도
들보다 전혀 부족함이 없습니다.
12 참으로 사도가 행하는 표적들이 여러분 가운데서 모든 인내
와, 표적과 놀라운 일과, 능력으로 나타났습니다.
13 그러므로 내 스스로 여러분에게 신세지지 아니한 것 외에 다
른 교회들보다 소홀히 대접한 것이 무엇입니까? 나의 이 불공정
함을 용서하십시오.
14 보십시오, 여러분에게 세 번째로 갈 준비를 하고 있습니다. 하
지만 여러분에게 신세지지 않을 것입니다. 내가 바라는 것은 여
러분의 돈이 아니라 오직 여러분입니다. 자녀가 부모를 위하여
저축하는 것이 아니라 오히려 부모가 자녀를 위하여 하는 것이

마땅하기 때문입니다.
15 나는 여러분의 영혼을 위하여 가장 기쁘게 비용을 쓰겠습니
다. 또한 내 전부를 쓰겠습니다. 내가 여러분을 훨씬 더 사랑하는
데, 내가 보다 적게 사랑 받아야겠습니까?
16 나는 여러분에게 짐을 지우지 않았습니다. 그러나 내가 교활하
여 잔꾀로 여러분을 강압적으로 붙잡았다고 하는 자가 있습니다.
17 아니, 내가 여러분에게 보낸 사람들 중에 누구를 통하여 여러
분을 이용했습니까?
18 나는 디도를 권면하여 형제를 함께 보냈습니다. 아니, 디도가
여러분을 이용한 것이 무엇입니까? 우리가 동일한 영으로 행하지
않았습니까? 동일한 발걸음이 아니었습니까?

19 우리가 여러분에게 변명하는 것으로 생각합니까? 우리는 그
리스도와 관련하여 하나님 앞에서 말하고 있습니다. 더욱이 사랑
하는 자들이여, 이 모든 것은 여러분을 세우기 위함입니다.
20 사실 나는 두렵습니다. 내가 갔을 때, 내가 바라는 것과 같지
않은 여러분을 보거나, 또한 여러분이 바라는 것과 같지 않은 나
를 여러분에게 보이지 않을까, 또한 분쟁과, 시기와, 분노와, 이기
적인 야망과, 비방과, 험담과, 우쭐댐과, 무질서가 있지 않을까,
21 한편 내가 갔을 때, 내 하나님께서 나를 여러분 앞에서 낮추시
지 않을까, 그리고 많은 사람들이 이미 죄를 지었음에도, 그들이
행한 더러움과 음란함과 방탕함에 대하여 회개하지 않아 내가 슬
퍼할까 두렵습니다.

고후13장

1 여러분에게 가면 이번이 세 번째입니다. 모든 중요한 사안은
두 세 증인의 입으로 입증하겠습니다.
2 내가 두 번째 방문했을 때와 같이 전에 죄를 범한 자들과 남은
모든 자들에게 미리 말했습니다. 그러나 지금은 곁에 없으니 편
지로 미리 말합니다. 내가 다시 가게 된다면 용서하지 않을 것입
니다.
3 그리스도께서 내 안에서 말씀하신다는 것에 대한 검증을 여러
분이 요구하므로, - 그리스도는 여러분에게 연약하지 아니하시
고, 오히려 여러분 안에서 강하십니다.
4 그분조차도 연약함으로 십자가에 못 박히셨지만, 하나님의 능
력으로 살아 계십니다. 우리까지도 그분 안에서 연약하나, 여러분
을 향한 하나님의 능력으로 그분과 함께 우리는 살아있을 것입니
다. -

5 그렇다면 여러분 자신도 믿음 안에 있는지 스스로 시험하십시
오. 즉 자신을 면밀히 살피시기 바랍니다. 예수 그리스도께서 여
러분 안에 계신다는 것을 여러분 스스로 알지 못합니까? 만일 그
렇다면 여러분은 버림받은 자들입니다.
6 그러나 우리는 버림받은 자들이 아님을 알아주시기 바랍니다.
7 나는 이제 여러분이 악을 조금도 행하지 않기를 하나님께 기도

합니다. 이는 우리가 인정받은 자임을 드러내려는 것이 아니라,
우리는 버림받은 자 같을지라도, 다만 여러분으로 하여금 선을
행하게 하려는 것입니다.
8 우리는 진리를 대항하여 어떤 것도 할 수 없습니다. 진리를 위
할 뿐입니다.
9 우리가 약할 때 그러나 여러분이 강할 수 있다면, 우리는 행복합
니다. 더욱이 여러분의 온전한 조화를 위하여 우리는 기도합니다.
10 그러므로 내가 떠나있을 때 이런 것들을 편지로 씁니다. 이는
내가 갔을 때 주님께서 내게 주신 권세를 따라 엄하게 대하지 않
기 위함입니다. 그 권세는 세우기 위한 것이지 무너뜨리기 위한
것이 아닙니다.

11 마지막으로, 형제들이여, 기뻐하십시오. 철저히 준비하십시오. 서로 권면하십시오. 마음을 같이하십시오. 평화롭게 지내십시오. 그렇다면 사랑과 평화의 하나님께서 여러분과 함께 하실 것입니다.

12 거룩한 인사로 서로 문안하십시오. 모든 성도들이 여러분을 문안합니다.

13 주 예수 그리스도의 은혜와 하나님의 사랑과 성령의 교통하심이 여러분 모두와 함께 (있을 지어다.) 아멘.

갈라디아서

갈1장

1 사람들로부터도 아니요 사람을 통해서도 아니요 오직 예수 그
리스도와 죽은 자 가운데서 그를 일으키신 하나님 아버지로 말미
암아 사도된 바울은
2 나와 함께 있는 모든 형제와 더불어 갈라디아 교회들에게 (편지
를 보냅니다.)
3 하나님 아버지와 주 우리 예수 그리스도로부터 은혜와 평화가
(있을 지어다)
4 그리스도께서 하나님 곧 우리 아버지의 뜻을 따라 어떠하든지
현 세대에서 우리를 건져내시려고 우리 죄를 대신하여 자신을 주
셨으니,
5 하나님께 영광이 세세토록 (있을 지어다.) 아멘.

6 그리스도의 은혜로 여러분을 부르신 하나님을 떠나 이같이 빠
르게 다른 복음으로 옮기다니 놀랍습니다.
7 다른 복음은 없습니다. (다른 복음을 전하는) 어떤 이들이 있다면
여러분을 선동하여 그리스도의 복음을 변질시키려는 것입니다.
8 게다가 또한 우리와 혹은 하늘에 속한 천사라 할지라도 '우리가
여러분에게 전한 복음이 아닌 다른 복음을 전한다면 그에게 저주
가 있을지어다.'
9 한 번 더 말합니다. '누구든지 여러분이 받은 것과 다른 복음을

전하면 그는 저주를 받을지어다.'

10 참으로 이제 내가 사람들을 설득하겠습니까? 아니면 하나님
을 설득하겠습니까? 혹은 사람들에게 환심을 사야하겠습니까?
내가 지금까지 사람들에게 환심을 사고자 했다면, 나는 그리스도
의 종이 아닐 것입니다.

11 형제들이여, 나에 의해 전파된 이 복음은 사람을 따라 된 것이
아님을 여러분에게 알려드립니다.
12 진실로 나는 그것을 사람에게서 받은 것도 아니요, 배운 것도
아닙니다. 오직 예수 그리스도의 계시로 말미암은 것입니다.

13 여러분은 내가 한때 유대교에 있을 때 하나님의 교회를 지나
칠 정도로 박해하며 파괴했던 소행에 대하여 이미 들었을 줄 압
니다.
14 나는 내 민족 가운데 여러 동년배들보다 유대교에 앞장섰으
며, 조상들의 전통에 더욱 열광했습니다.
15 그러나 나를 어머니의 자궁에서부터 지명하셨고, 또한 은혜로
나를 부르신 하나님께서,
16 나로 하여금 이방인들에게 그분의 아들을 전파하게 하시려고
나에게 그 아들을 계시하심을 기뻐하셨던 그 때에, 나는 즉시 혈
육과 상의하지 않고,
17 나보다 앞선 사도들을 만나러 예루살렘에 올라가지도 않고,

오직 아라비아로 떠났다가 다시 다메섹으로 돌아갔습니다.

18 그 후 삼 년 뒤에 베드로를 방문하려고 예루살렘으로 올라가
서 그와 함께 보름을 머물렀습니다.
19 그러나 주님의 형제 야고보 외에는 다른 사도들을 보지 못했
습니다.
20 여러분에게 보내는 이 편지는 하나님 보시기에 결코 거짓이
아닙니다.
21 그 후에 나는 시리아와 길리기아 지역으로 갔습니다.
22 그러나 그리스도 안에 있는 유대교회들에게 얼굴로는 알려지
지 않았으나,
23 그럼에도 불구하고 그들은 "우리를 박해하던 자가 전에 파괴
를 일삼던 그 믿음을 지금 전하고 있다"는 소문을 듣고서,
24 나로 말미암아 하나님께 영광을 돌렸습니다.

갈2장

1 그 후 14년 만에 디도를 데리고 바나바와 함께 다시 예루살렘
으로 올라갔습니다.
2 나는 계시를 따라 올라갔습니다. 그리고 이방인들에게 선포하
는 그 복음을 저들에게 진술했습니다. 그러나 내가 지금 달려온
것이나 혹은 앞으로 달려갈 것이 헛될까 염려하여 유명한 자들에
게는 개인적으로 했습니다.
3 그러나 나와 함께한 디도는 헬라인이었지만 할례를 강요받지
않았습니다.
4 그런데 거짓형제들이 살며시 들어왔기에, -저들은 우리가 그리
스도 예수 안에서 누리고 있는 자유를 엿보려고 살며시 들어왔습
니다. 우리를 노예 삼기 위함입니다. -
5 복음의 진리가 여러분 곁에 계속 머물게 하려고 우리는 그들에
게 잠시라도 복종하지 않았습니다.
6 더욱이 어떤 유명한 자들로부터, -본래 뛰어난 자들이라도 나
보다 더 나은 것도 없습니다만, 하나님은 사람을 외모로 취하지
않습니다.- 참으로 그 유명한 자들은 나에게 덧붙여준 것이 전혀
없습니다.
7 그렇지만 베드로에게 할례자 복음전도를 맡기셨던 것처럼 내
게는 무할례자를 맡기신 것을 그들이 보았고,
8 -할례자의 사도로 베드로에게 역사하신 그분께서 또한 이방

인을 향하여 내게도 역사하셨습니다.-
9 그리고 내게 허락하신 그 은혜를 알고 나서, 기둥처럼 생각하는
야고보와 게바와 요한은 나와 바나바와 상호교류의 악수를 허락
하였습니다. 그 결과 우리는 이방인에게 그리고 그들은 할례자에
게 (복음을 전하기로 하고)
10 오직 가난한 자를 생각하라고 부탁한 바, 나 역시 이것을 힘써
행하고 있습니다.

11 그러나 베드로가 안디옥에 왔을 때 그가 잘못한 것이 있었기
에, 나는 직접 그에게 항변했습니다.
12 야고보가 보낸 어떤 이들이 도착하기 전에 그가 이방인과 함
께 음식을 먹는데 그들이 들어오자, 할례출신들을 두려워하여 물
러나 거리를 두었습니다.
13 그리고 남은 유대인들도 그와 함께 위선적인 행동을 했습니
다. 역시 그렇게 바나바도 그들의 위선적인 행동에 이끌렸습니다.
14 그래서 나는 그들이 복음의 진리와 함께 바르게 행하지 않는
것을 보자마자, 많은 사람들 앞에서 베드로에게, "당신은 유대인
에 속해 있으면서 유대인방식대로 살지 않고, 이방인처럼 살면서,
어찌하여 이방인을 억지로 유대인으로 살도록 강요합니까?"라고
한 마디 했습니다.

15 우리는 이방 죄인이 아니라 본래 유대인입니다.
16 우리는 율법의 행위로 사람이 의롭다함을 얻는 것이 아니라

예수 그리스도를 믿음으로 말미암아 의롭다함을 얻는 줄 알고 나
서, 우리 또한 율법의 행위가 아니라 그리스도를 믿음으로 의롭
다함을 얻으려고 예수 그리스도를 믿었습니다. 모든 육체는 율법
의 행위로 의롭다함을 얻을 수 없기 때문입니다.
17 그런데 만일 우리가 그리스도 안에서 의롭다함을 얻으려고 애
쓰다가 죄인으로 발견된다면, 그렇다면 그리스도께서 죄의 심부
름꾼입니까? 전혀 그렇지 않습니다.
18 만일 내가 무너뜨린 그것을 다시 세운다면, 내가 내 자신을 범
법자로 인정하는 것입니다.
19 진실로 나는 율법으로 말미암아 율법과 함께 죽었습니다. 하
나님과 함께 살기 위함입니다. 나는 이미 그리스도와 함께 십자
가에 못 박혔습니다.
20 그런즉 더 이상 나는 내가 사는 것이 아니라, 내 안에 그리스
도께서 사시는 것입니다. 그러나 지금 내가 육체로 사는 것은 나
를 사랑하셨고 또한 나를 위하여 자신을 넘겨주신 하나님의 아들
을 신뢰함으로 사는 것입니다.
21 나는 하나님의 은혜를 결코 포기하지 않습니다. 만일 의롭다
함이 율법으로 말미암는다면, 그렇다면 그리스도는 헛되이 죽으
셨습니다.

갈3장

1 오 어리석은 갈라디아 사람들이여! 진리를 따르지 못하도록 누
가 여러분을 홀렸습니까? 여러분과 눈을 마주보며 예수 그리스도
께서 이미 십자가에 못 박히셨다고 여러분에게 분명히 제시하지
않았습니까?
2 나는 여러분에게서 단지 이것을 배우기 원합니다. 여러분은 율
법의 행위로부터 성령을 받았습니까 아니면 듣고 믿음으로부터
입니까?
3 여러분이 이토록 어리석은가요? 성령으로 시작해서 이제는 육
체로 마치겠습니까?
4 여러분은 이렇게 많은 고난을 이유 없이 당했나요? 정말 이유
가 없습니까?
5 그런데 그분께서 여러분에게 성령을 주심과 여러분 가운데서
능력을 행하심이 율법의 행위로부터 입니까? 혹은 듣고 믿음으로
부터 입니까?
6 바로 "아브라함은 하나님을 믿었고 그리고 그것을 그에게 의로
여기셨다"라는 말씀과 같습니다. (창15:6)

7 의심의 여지없이 믿음에 의한 자들이 아브라함의 자손임을 아
시기 바랍니다.
8 또한 성경은 "하나님께서 이방인들을 믿음으로 의롭다 하실

것"을 미리 내다보고 아브라함에게 먼저 "모든 이방인들이 너와
함께 복을 받으리라"는 기쁜 소식을 전해주었습니다. (창12:3)

9 이런 이유로 믿음에 의한 자들은 믿음이 있는 아브라함과 함께
복을 받습니다.
10 참으로 율법의 행위에 의한 자들은 모두 저주아래 있습니다.
왜냐하면 기록된바 "누구든지 이 율법 책에 기록된 모든 것을 지
키지 않는 자는 저주를 받을 것이라" 했기 때문입니다. (신27:26)
11 게다가 하나님 앞에서는 아무도 율법으로 의롭다함을 얻지 못
한다는 것이 분명합니다. 왜냐하면 "의인은 믿음으로 살리라"했
기 때문입니다. (합2:4)
12 그러나 율법은 믿음에 의한 것이 아닙니다. 다만 "율법을 행하
는 자는 그것으로 말미암아 살리라" 했습니다. (레18:5)

13 그리스도께서 우리 대신 저주를 받으신 결과 그 율법의 저
주로부터 우리를 속량(값을 지불하고 사오다)하셨습니다. 기록된바
진실로 "나무에 달린 자마다 저주아래 있는 자"라 했습니다.(신
21:23)
14 이는 아브라함의 그 복이 그리스도 안에서 이방인들에게로 옮
겨가게 하려는 것입니다, 결국 우리로 하여금 믿음으로 말미암아
성령의 약속을 받게 하려는 것입니다.

15 형제들이여! 사람들도 계약서에 도장을 찍으면 아무도 취소

하거나 추가조항을 넣을 수 없습니다.
16 더욱이 하나님께서 아브라함과 또한 그의 후손에게 이 약속들을 언급하실 때, 여럿을 뜻하는 "자손들에게"라 하지 않으시고, 다만 하나를 뜻하는 "네 씨에게"라 하셨습니다. 그리스도가 그 씨입니다. (창13:15, 24:7)
17 그래서 내가 말하고 싶은 것은, 하나님께서 그리스도에 관하여 사전 승인하신 그 약속이 폐지될 때까지는, 430년 후에 제정된 율법이 그 약속을 취소할 수 없다는 것입니다.
18 상속권이 율법에 의한 것이라면, 상속권은 더 이상 약속에 의한 것이 아닙니다. 그런데 하나님은 그 상속권을 아브라함에게 약속으로 말미암아 은혜로 주셨습니다.

19 그러면 율법은 무엇입니까? 그것은 범죄 때문에 그에게 약속하신 후손이 오실 때까지 천사들을 통하여 중보자의 손으로 제정하여 덧붙인 것입니다.
20 이제 그 중보자는 다른 분입니다. 그러나 하나님은 한 분이십니다.

21 그렇다면 율법은 하나님의 약속들과 맞섭니까? 전혀 그렇지 않습니다. 만일 살리는 것으로 율법을 주셨다면, 의롭다함은 틀림없이 율법으로부터 왔을 것입니다.
22 그러나 성경은 모든 것을 죄 아래 가두었습니다. 때문에 믿음에 속한 그 약속은 예수 그리스도를 믿는 자들이 받게 됩니다.

23 그러나 그 믿음이 오기 전에 우리는 믿음이 계시될 때까지 함께 갇혀서 율법에 둘러 싸여있습니다.

24 이런 이유로 율법은 우리를 그리스도에게로 인도하는 안내자(남자 아이를 돌보는 노예)가 되었습니다. 이는 우리로 하여금 믿음으로 의롭다함을 얻게 하려는 것입니다.

25 그러나 믿음이 온 후로 우리는 더 이상 그 안내자 밑에 있지 않습니다.

26 왜냐하면 여러분 모두는 그리스도 예수 안에서 믿음으로 말미암아 하나님의 아들이 되었기 때문입니다.

27 그리스도와 함께 침례 받은 자는 모두 그리스도로 옷 입은 자입니다.

28 거기에는 유대인이나 헬라인도, 종이나 자유인도, 남자나 여자도 결코 없습니다. 여러분 모두는 그리스도 예수 안에서 하나입니다.

29 더욱이 여러분이 그리스도께 속하였다면 의심의 여지없이 아브라함의 후손입니다. 또한 약속을 따라 기업 무를 자(상속자)입니다.

갈4장

1 이제 내가 말합니다. 기업 무를 자가 어린아이로 있을 동안만
큼은 모든 것의 주인일지라도 종과 다름없습니다.
2 그래서 아버지가 정한 때까지 청지기와 안내자 밑에 둡니다.
3 이와 같이 우리도 어렸을 때에는 세상의 기본적인 가르침 밑에
서 종으로 살았습니다.
4 그러나 때가 무르익어 하나님께서 자신의 아들을 보내셨습니
다. 여자에게서 낳게 하시고, 율법 밑에 낳게 하셨으니,
5 이는 율법 밑에 있는 자들을 속량(값을 지불하고 사오다)하시고 우
리로 하여금 양자됨을 얻게 하시려는 것입니다.

6 이제 여러분은 아들이기 때문에, 하나님께서 아들의 영을 여러
분 마음 가운데 보내주셔서 아바 아버지라 부르게 하셨습니다.
7 그러므로 여러분은 더 이상 종이 아니라 아들입니다. 더욱이 아
들이라면, 또한 그리스도로 말미암아 하나님의 상속자입니다.

8 그럼에도 불구하고 그 때 여러분은 하나님을 알지 못했기 때문
에 본래 하나님 아닌 것들에게 종노릇했습니다.
9 그러나 지금은 여러분이 하나님을 알았고, 더 더욱 하나님도 여
러분을 아셨는데, 어떻게 볼품없고 천박한 그 기초수준으로 다시
돌아가 처음부터 새롭게 종노릇하겠다는 것입니까?

10 여러분이 날과 달과 때와 연대를 지키고 있으니,
11 혹시라도 여러분을 위한 나의 노력이 헛되지 않을까 크게 염
려됩니다.

12 **형**제들이여, 간청합니다. 내가 여러분과 같이 되었으니 여러
분은 나와 같이 되십시오. 여러분은 나에게 어떤 상처도 주지 않
았습니다.
13 그러나 여러분도 알다시피 처음 여러분에게 복음을 전할 때,
나는 병든 몸이었습니다.
14 그리고 시험될 만한 것이 내 육체에 있었으나 무시하지도 않
고, 거절하지도 않고, 오직 나를 하나님의 천사처럼, 그리스도 예
수처럼 영접해 주었습니다.
15 그런데 여러분의 그 축복이 지금은 어디에 있습니까? 진실로
할 수만 있었다면 여러분은 자신의 눈을 빼서라도 내게 주었으리
라고 나는 확신합니다.
16 이런 이유로 내가 여러분에게 솔직하게 말했다고 여러분의 원
수로 변했습니까?
17 저들(다른 복음을 전하는 할례파)이 여러분에게 열심을 내는 것은
좋은 뜻이 아닙니다. 오히려 여러분을 고립시켜 여러분으로 하여
금 자신들에게 열심을 내게 하려는 것입니다.
18 그러나 좋은 일에 열심을 내게 한다는 것은 내가 여러분 곁에
있을 때뿐 아니라 언제든지 좋은 일입니다.
19 내 자녀들이여, 여러분 속에 그리스도의 모습이 이루어지기까

지 나는 다시금 해산의 진통을 겪고 있습니다.
20 지금 바로 여러분 곁에서 내 목소리를 바꾸기 원합니다. 여러
분 때문에 나는 어찌할 바를 몰라 어리둥절합니다.

21 율법아래 있고자 하는 자들은 내게 말하시오, 여러분은 그 율
법을 (아직도) 이해하지 못했습니까?
22 진실로 "아브라함에게 두 아들이 있는데 하나는 여종에게서
또 하나는 본부인에게서 태어났다"고 기록되었습니다.
23 그러므로 하나는 참으로 육체를 따라 여종에게서 태어났고,
또 하나는 약속을 따라 자유 하는 본부인에게서 태어났습니다.
24 이것은 비유로 표현된 것입니다. 두 여인은 두 언약입니다. 하
나는 참으로 멀리 시내 산으로부터, 종살이할 아이를 낳는 여인,
다시 말해 하갈입니다.
25 왜냐하면 하갈 즉 아라비아에 있는 시내산은 지금 예루살렘과
서열상 동급으로 자녀들과 함께 종노릇하고 있기 때문입니다.
26 그러나 위에 있는 예루살렘은 자유인으로 우리 모두의 어머니
입니다.
27 왜냐하면 기록된바 "즐거워하라, 잉태하지 못한 여인이여, 기
뻐 외치라 산고를 겪지 못한 여인이여, 이는 남편을 가진 여인보
다 외로운 여인의 자녀가 더 많음이라"고 했기 때문입니다. (사
54:1)

28 그런즉 형제들이여, 우리는 이삭과 같은 약속의 자녀입니다.

29 그럼에도 불구하고 그 때에 육체를 따라 태어난 자가 영을 따
라 태어난 자를 박해한 것과 같이, 지금도 그러합니다.
30 그러므로 성경이 무엇을 말하고 있습니까? "여종과 그 아들을
내 쫓으라. 종의 아들은 노예가 아닌 여인(본부인)의 아들과 함께
결코 상속자가 될 수 없다." 고 했습니다. (창21:10)

31 그러므로 형제들이여 우리는 여종의 자녀가 아니라 자유 하
는 본부인 자녀입니다.

갈5장

1 그리스도는 자신에게 있는 자유를 가지고 우리를 자유케 하셨습니다. 그러므로 여러분은 굳게 서서 새롭게 종의 의무에 얽매이지 마십시오.

2 보십시오, 나 바울은 말합니다. 만일 여러분이 할례를 받는다면 그리스도는 여러분에게 아무런 유익이 되지 않습니다.
3 할례를 받고자 하는 모든 사람에게 다시금 간청합니다. 그는 율법 전부를 실천해야 할 의무가 있습니다.
4 그들은 그리스도로부터 멀어졌고, 은혜에서 떨어져나가 율법으로 의롭다함을 얻으려는 자입니다.
5 물론 우리는 성령과 함께 믿음으로 의롭다함을 얻는 소망을 간절히 기대하고 있습니다.
6 진실로 그리스도 예수 안에서는 할례나 또는 무할례가 아무런 힘이 없습니다. 사랑으로 강한 능력을 발휘하는 믿음뿐입니다.

7 여러분은 잘 달려왔습니다. 그런데 누가 순종하지 못하도록 진리를 방해했습니까?
8 (할례를 받아야 한다는) 그 설득은 여러분을 부르신 그분에게서 나온 것이 아닙니다.
9 적은 누룩이 반죽 덩어리 전체를 발효시킵니다.

10 여러분 가운데 어느 누구도 다른 마음을 품지 않을 것을 주 안
에서 확신합니다. 그러나 여러분을 선동하는 자는 그가 누구이든
유죄판결을 받게 될 것입니다.
11 그런즉 형제들이여 내가 만일 지금까지 할례를 전파하였다면
어찌 아직도 핍박을 받겠습니까? 의심의 여지없이 십자가의 걸림
돌이 소멸되었을 것입니다.
12 여러분을 괴롭히는 자들이 스스로 잘려나가기를 소망합니다.

13 진실로 여러분은 자유를 위하여 부름을 받았습니다. 형제들
이여, 그 자유를 겨우 육체의 기회로 삼지 마시고 사랑으로 서로
를 섬기십시오.
14 모든 율법은 "네 이웃을 네 몸같이 사랑하라"는 이 한 말씀 안
에서 성취됩니다.
15 그러나 서로 깨물고 삼킨다면 서로에 의해 소멸됩니다. 그렇
게 되지 않도록 주의하십시오.

16 그래서 내가 말씀드립니다. 성령과 함께 행하십시오, 그러면
육체의 금지된 정욕을 결코 이루지 않을 것입니다.
17 왜냐하면 육체의 갈망은 성령을 반대하고, 또한 성령은 육체
를 반대하기 때문입니다. 이 둘은 서로 대적하여 결국 여러분이
원하는 것을 하지 못하게 합니다.
18 그러나 여러분이 성령의 인도함을 받는다면, 여러분은 율법의
지배를 받지 않습니다.

19 더욱이 육체의 일들은 분명합니다. 간음, 매음, 더러움(도덕적
타락), 방종,
20 우상숭배, (주술을 통한)속임수, 증오, 다툼, 질투, 격분, 이기심,
분열, 이단,
21 비난, 살인, 술 취함, 난동, 또한 이와 유사한 것들입니다. 전에
말한 것처럼 여러분에게 미리 말합니다. 이런 일을 행하는 자들
은 하나님 나라의 상속자가 될 수 없습니다.

22 그러나 성령의 열매는 사랑, (은은한)기쁨, 평화, 꿋꿋함, 관용,
선함(타인의 행복에 대한 관심), 신실함,
23 온유, 절제입니다. 바로 이런 것들을 반대하는 율법은 결코 없
습니다.
24 더욱이 그리스도 예수의 사람들은 (강한)정욕과 (부적절한)욕망
과 함께 그 육체를 십자가에 못 박았습니다.
25 만일 우리가 성령으로 산다면 또한 성령과 보조를 맞추어야
합니다.
26 헛된 부귀영화를 따르지 말고, 서로를 자극하지 말고, 서로 질
투하지 마십시오.

갈6장

1 형제들이여, 만일 어떤 사람의 실수를 남들보다 먼저 알게 되
었다면, 성령과 동행하는 여러분은 온유한 영으로 바로잡으십시
오. 그리고 자신도 시험받지 않도록 주의하십시오.

2 여러분은 서로 상호간에 짐을 지십시오. 이런 방법을 따라 그
리스도의 법을 이루십시오.
3 진실로 아무 것도 없으면서 있는 줄로 생각한다면 그는 자신을
속이는 것입니다.
4 그런즉 각 사람은 자신의 수고를 아끼지 마십시오, 그러면 자랑
거리는 자신만을 향하고 다른 사람에게로 향하지 않습니다.
5 이제 각 사람은 자기 자신의 짐을 지십시오.

6 그리고 말씀을 배우는 자는 가르치는 자와 함께 모든 좋은 것
으로 교제하십시오.

7 그럴 듯하게 속이지 마십시오. 하나님은 결코 조롱당하지 않습
니다. 사람은 뿌린 그것을 거둡니다.
8 자신의 육체를 위하여 심는 자는 육체로부터 썩은 것을 거두고,
영을 위하여 심는 자는 영으로부터 영생을 거둡니다.
9 더욱이 좋은 일을 행하면서 실망하지 맙시다. 포기하지 않는다
면 자신의 때에 거둡니다.

10 그러므로 기회가 되는 대로, 모든 사람들에게, 특별히 믿음의
가정들에게 유익한 일을 행합시다.

11 보십시오, 내가 직접 이렇게 큰 글씨로 여러분에게 썼습니다.
12 육신의 겉치레를 선호하는 자들이 여러분으로 하여금 할례 받
도록 억지 부리고 있습니다. 이유는 한 가지 그리스도의 십자가
때문에 받는 핍박을 면하려는 것입니다.
13 심지어 할례를 행하는 그들 자신은 결코 율법을 지키지도 않
습니다. 그럼에도 불구하고 여러분을 할례 받게 하려는 것은 여
러분의 육체를 자랑하기 위함입니다.
14 그러나 내게는 주 우리 예수 그리스도의 십자가 외에는 결코
자랑거리가 없습니다. 그로 말미암아 나는 세상을 십자가에 못
박았고 또한 세상은 나를 십자가에 못 박았습니다.
15 진실로 그리스도 예수 안에서는 할례나 무할례가 중요하지 않
습니다. 오직 새로운 피조물만이 중요할 뿐입니다.
16 또한 이 표준대로 질서 있게 행하는 모든 자 위에, 또한 하나
님의 이스라엘 위에 평화와 자비가 (있을 지어다.)

17 지금부터는 내게 상처를 주지 마십시오. 내 몸에는 주 예수의
흔적이 배어있습니다.

18 주 우리 예수 그리스도의 은혜가 형제 여러분의 심령 속에 (있
을 지어다.) 아멘.

에베소서

엡1장

1 하나님의 뜻으로 말미암아 예수 그리스도의 사도된 바울은 에
베소에 있는 성도들과 예수 그리스도를 믿는 자들에게 (편지를 보
냅니다.)
2 우리 하나님 아버지와 주 예수 그리스도로부터 은혜와 평화가
여러분에게 (있을 지어다.)

3 찬송 받으실 하나님 곧 우리 주 예수 그리스도의 아버지께서,
그리스도로 말미암아 하늘에 있는 모든 영적인 복으로 우리를 축
복하셔서,
4 세상의 기초가 세워지기 전에 먼저 그리스도 안에서 우리를 선
택하셨습니다. 그리고 사랑 안에서 하나님 앞에 거룩하고 흠 없
게 하시려고,
5 자신의 기쁘신 뜻대로, 그리스도를 통하여 우리를 자신에게 입
양하기로 예정하셨으니
6 우리는 그의 사랑하시는 자 안에서 우리에게 거저주신 그 은혜
의 영광의 찬송을 위하여,
7 그리스도 안에서 하나님의 은혜의 풍성함을 따라, 그의 피로 말
미암아 구원(몸값을 내고 풀려남) 곧 죄 용서를 받고 있습니다.
8 이 은혜는 모든 지혜와 명철과 함께 우리 가운데 넘쳤습니다.
9 이는 그리스도 안에서 기쁘게 세우신 그의 뜻의 비밀을 우리에

게 알려주셨기 때문입니다.
10 그 비밀은 때가 찬 경륜(계획, 관리) 가운데, 하늘에 있는 것이나
땅에 있는 모든 것을 그리스도 안에서 함께 모으는 것입니다.
11 그리고 뜻하신 계획대로 모든 일을 이루시는 분의 의도를 따
라 우리는 그리스도 안에서 예정되었고 분깃(몫)을 받았습니다.
12 이는 그리스도 안에서 이미 전부터 소망하던 우리를 하나님의
영광의 찬송이 되게 하려는 것입니다.
13 그리스도 안에서 여러분 역시 진리의 말씀 곧 구원의 복음을
들었고, 그리스도를 믿어 약속의 성령에 의해 인치심을 받았습니다.
14 성령은 하나님의 영광을 위하여 그 얻은 것을 구속(되사오기)하
시기까지 우리가 물려받을 유산에 대한 보증이 되셨습니다.

15 이 때문에 나 또한, 주 예수 안에 있는 여러분의 믿음과 모든
성도들을 향한 그 사랑에 관하여 들은 후
16 여러분을 대신해서 감사의 말을 그치지 않고 내 기도에 여러
분을 언급하면서,
17 영광의 아버지이신 주 우리 예수 그리스도의 하나님께서 그분
의 정확한 지식으로 여러분에게 지혜와 계시의 영을 주시기를 기
도하고 있습니다.
18 그리고 여러분의 마음의 눈을 밝게 하셔서 여러분으로 하여금
하나님의 부름심의 소망이 무엇인지, 성도 안에 있는 하나님의
상속권의 영광이 얼마나 풍성한지,
19 또한 하나님의 강력한 역사하심을 따라, 믿는 우리에게 얼마

나 크게 역사하시는지 알게 해주시기를 기도하고 있습니다.
20 그 능력이 그리스도 안에서 역사하셔서 죽은 자들 가운데서
그를 다시 일으키셨고, 그리고 하늘에서 하나님의 오른편에 앉히
심으로
21 모든 군주, 권세자, 능력자, 통치자, 그리고 이 세상뿐 아니라
다가오는 세상에서 언급되는 모든 이름보다 더 뛰어나게 하셨습
니다.
22 또한 만물을 그의 발 아래로 굴복시키셔서 그를 만물보다 뛰
어난 교회의 머리가 되게 하셨습니다.
23 교회는 그의 몸입니다. 교회는 어떤 상황에도 모든 것을 충만
하게 채우시는 하나님의 충만함으로 가득합니다.

엡2장

1 실로 여러분은 죄와 불법으로 죽었던 자들입니다.
2 여러분은 한 때 그 속에서 공중의 실권을 가진 통치자 곧 불순
종하는 무리가운데서 지금 역사하고 있는 영을 따라 이 세상 질
서대로 움직였습니다.
3 또한 전에는 그 속에서 우리 모두 육체와 마음이 원하는 것을
행하면서 육체의 욕망 가운데 살았습니다. 그리하여 이방사람들
처럼 본질상 진노의 자녀였습니다.
4 그러나 긍휼에 풍성하신 하나님께서 우리를 사랑하신 그 큰 사
랑 때문에
5 불법으로 인하여 죽은 우리를 그리스도와 함께 살리셨습니다.
-여러분은 이미 은혜로 구원받았습니다.-
6 또한 그리스도 예수 안에서 함께 일으키셨고 그리고 하늘에 함
께 앉히셨습니다.
7 이는 그리스도 예수 안에서 우리를 향한 그분의 인자하심으로
한계를 초월한 은혜의 풍성함을 다가오는 세대들에게 나타내려
는 것입니다.
8 진실로 여러분은 믿음으로 말미암아 그 은혜로 이미 구원받았
습니다. 이것은 여러분에게서 비롯된 것이 아니라 하나님의 선물
입니다.
9 노력으로 된 것이 아닙니다. 이는 누구도 자랑하지 못하게 하려

는 것입니다.
10 진실로 우리는 하나님께서 미리 준비하신 곧 선한 일을 행하
도록 그리스도 예수 안에서 창조된 그의 피조물입니다.

11 그러므로 기억하십시오. 여러분은 그 때에 육체로는 손으로
행하는 할례자들에게 할례 없는 자라고 무시당하던 이방인이었
습니다.
12 그 시기에 여러분은 그리스도와 떨어져 있었고, 이스라엘 시
민권도 없었으며, 약속의 언약과도 관계없는 외국인이었으며, 세
상에서 소망도 없고 또한 하나님도 없는 자였습니다.
13 그러나 이제는 전에 멀리 있던 여러분이 그리스도 예수 안에
서 그리스도의 피로 말미암아 가까워졌습니다.

14 진실로 그는 우리의 평화이십니다. 그는 둘을 하나로 만드시
고 장벽의 중간 담을 깨뜨리시고 자신의 육체로 원수
15 곧 법령에 속한 율법을 쓸모없게 하심으로 이 둘을 자신 안에
서 한 새로운 인간으로 만들어 하나 되게 하시고,
16 또한 이 둘을 십자가를 통하여 한 몸으로 하나님과 함께 화해
하도록 십자가 안에서 적대관계를 제거하셨습니다.
17 그리고 오셔서 멀리 있는 여러분(이방인)과 가까이 있는 자(유대
인)들에게 평화의 소식을 전하셨습니다.
18 그를 통하여 한 성령 안에서 그 둘 다 아버지께로 들어가는 것
을 허락받았기 때문에,

19 의심의 여지없이 이제 여러분은 외국인도 아니요 낯선 손님도
아닌 성도들과 같은 시민이요 하나님의 가족입니다.
20 여러분은 사도들과 선지자들의 기초 위에 세워졌고, 예수 그
리스도는 스스로 모퉁이의 기초석이 되셨습니다.
21 그래서 전체 건물은 그리스도 안에서 서로 치밀하게 연결되어
주 안에서 성전으로 완성되어가고 있습니다.
22 그리스도 안에서 여러분 역시 하나님의 집을 위하여 영으로
함께 건축되고 있습니다.

엡3장

1 이러므로 나 바울은 이방에 속한 여러분을 위하여 그리스도 예
수의 죄수가 되었습니다.
2 참으로 여러분을 위하여 내게 주신 하나님의 은혜의 경륜(계획)
을 여러분이 들었을 지라도
3 짧게나마 전에 제시한 것과 같이, -이것(경륜)은 계시를 따라 그
비밀을 내게 알게 하신 것입니다.-
4 그것을 다시 읽어보시면 그리스도의 비밀에 관한 내 지식을 여
러분도 이해할 수 있을 것입니다.
5 이것은 거룩한 그의 사도들과 선지자들에게 성령으로 계시 하
신 것으로써, 다른 세대에서는 사람의 아들들에게 알리지 않았습
니다.
6 곧 이방인들도 복음을 통하여 그리스도 예수 안에서 공동상속
자요 같은 지체요 하나님의 약속의 공동참여자라는 것입니다.
7 하나님께서 능력으로 역사하시는 대로 내게 주신 하나님의 은
혜의 선물을 따라 나는 이 복음의 일꾼이 되었습니다.
8 모든 성도 가운데 가장 작은 나에게 이 은혜를 주셔서 측량할
수 없는 그리스도의 부요함을 이방인에게 전파하게 하셨고,
9 그리고 만물을 창조하신 하나님 안에 태초부터 숨겨진 그 비밀
의 경륜이 무엇인지 전부 드러내게 하셨습니다.
10 이는 이제 교회를 통하여 하나님의 여러 가지 지혜를 하늘에

있는 주권자들과 통치자들에게 알려지게 하려는 것이니,
11 우리 주 그리스도 예수 안에서 태초부터 의도하신대로 그분께
서 행하신 것입니다.
12 그리스도 안에서 우리는 그를 믿음으로 말미암아 담대함과 자
신 있게 가까이 감을 얻었습니다.

13 그러므로 나는 요청합니다. 여러분을 위하여 내가 겪는 이 고
난들 때문에 (겁먹은 군사처럼) 낙담하지 마십시오. 고난은 여러분의
영광입니다.

14 이런 이유로 나는 (15 하늘과 땅에 있는 모든 민족에게 이름
을 부여해주신) 아버지를 향하여 무릎 꿇고 기도합니다.
15
16 그분의 영광의 풍성함을 따라 그분의 성령을 통하여 여러분의
속사람을 능력으로 강화시켜 주시며,
17 믿음으로 말미암아 사랑 안에서 뿌리가 내려지고 견고한 기초가
세워져서 여러분의 마음에 그리스도가 거하시기를 (기도합니다)
18 그리고 모든 성도와 함께 그 (사랑의) 넓이와 길이와 높이와 깊
이가 어떠한지 충분히 이해하여
19 지식을 초월하는 그리스도의 사랑을 알고, 그리하여 하나님의
모든 충만한 것으로 가득 채워지기를 (기도합니다)

20 지금은 우리 가운데 역사하시는 능력을 따라 우리가 구하는

것이나 생각하는 것보다 더 넘치도록 역사하는 분에게
21 교회와 그리스도 예수 안에서 영광이 대대로 영원무궁(할 지어
다.) 아멘

엡4장

1 그런즉 주 안에서 죄수가 된 나는 여러분에게 부탁합니다. 부
름 받은 그 부름에 합당하게 살아가십시오.
2 모든 겸손과 온유와 함께, 그리고 인내와 함께 사랑으로 서로
참아주십시오.
3 평화의 줄로 성령의 하나 됨을 부지런히 지키십시오.
4 몸도 하나요, 영도 하나입니다. 이처럼 또한 여러분은 부르심의
한 소망 안에서 부름을 받았습니다.
5 주님도 하나요, 믿음도 하나요, 침례도 하나입니다.
6 만유의 아버지이신 하나님도 한 분이십니다. 만유 위에, 만유와
함께, 만유 안에 계십니다.

7 또한 그 은혜는 그리스도의 선물의 분량대로 우리 각 사람에게
주어졌습니다.
8 그러므로 성경은 "그가 하늘로 올라가시면서 포로를 생포하시
고 사람들에게 선물을 주셨다"라고 말합니다. (시68:18)
9 '올라가셨다'함은 또한 이전에 보다 낮은 땅으로 내려오셨던 것
이 아니라면 무엇입니까?
10 내려오신 분 곧 그분은 만물을 완성 하시려고 모든 하늘 훨씬
위로 오르신 분입니다.
11 또한 그분께서 어떤 사람은 사도로, 어떤 사람은 선지자로, 어

떤 사람은 복음 전파자로, 어떤 사람은 목자와 교사로 허락하셨
습니다.
12 이는 직무를 수행할 수 있도록 성도들을 준비시켜 그리스도의
몸을 세우며
13 우리 모두가 하나님의 아들을 아는 것과 믿는 것에 하나가 되
어, 장성한 어른으로 그리스도의 가장 성숙한 모습에 까지 이르
게 하려는 것입니다.
14 이제부터 우리는 사람의 속임수나 사방에서 정신 못 차리게
하는 교활한 이단의 가르침에 이리저리 흔들리는 어린아이가 아
닙니다.
15 그러므로 사랑 안에서 진실을 말하며 범사에 그에게까지 성장
해야 합니다. 그는 머리되신 그리스도이십니다.
16 그분으로부터 온 몸은 각각의 지체 분량만큼 힘을 공급하는
힘줄을 통해 밀접하게 연결되고 연합되어 사랑 안에서 스스로를
세움으로 그 몸을 성장시킵니다.

17 그러므로 주 안에서 증거하며 이것을 말합니다. 이제부터 여
러분은 다른 이방인들과 같이 허황된 생각으로 살아가면 안 됩니
다.
18 저들은 저들 가운데 있는 무지로 인하여 이해력에서 어두워
졌고, 저들의 마음이 굳어짐으로 인하여 하나님의 생명에서 이미
멀어져,
19 무감각해진 만큼 탐욕 가운데서 온갖 더러운 일을 위하여 자

신을 부도덕함에 넘겨주었습니다.
20 그러나 여러분은 그리스도를 이런 방법으로 배우지 않았습니다.
21 진리가 예수 안에 있는 만큼, 정말 여러분이 그분에게서 들었
고 또한 그 분을 통하여 배웠다면
22 즉 이전의 방식 곧 거짓에 대한 욕망을 좇아 파멸해 가는 옛
사람을 벗어버릴 것과,
23 이제 여러분의 심령을 위해 새롭게 될 것과,
24 그리고 하나님을 따라 의로움과 진리의 거룩함으로 지음 받은
새사람을 입을 것을 (배웠다면),

25 그렇다면 거짓을 버리고 각자 이웃과 더불어 진실을 말하십
시오. 왜냐하면 우리는 서로 지체이기 때문입니다.

26 화를 내더라도 죄는 짓지 마십시오. 화난 상태로 해가 지게 하
지 마십시오.
27 마귀에게 기회를 주지 마십시오.
28 훔치는 자는 더 이상 훔치지 말고, 가난한 자들에게 나누어줄
수 있도록 열심히 일을 하십시오.
29 나쁜 말은 어떤 것이라도 입 밖으로 나오지 않게 하십시오, 오
히려 듣는 자들에게 기쁨을 줄 수 있도록 건설적인 선한 말을 하
십시오.
30 하나님의 성령을 슬프게 하지 마십시오. 성령께서 구원의 날
까지 여러분을 보증해 주셨습니다.

31 온갖 독설과 격분과 분개와 울부짖음과 비방을 모든 사악함과
함께 여러분에게서 제거하십시오.
32 하나님께서 그리스도 안에서 여러분에게 호의를 베푸신 것처
럼 서로에게 호의를 베풀면서, 서로에게 친절하십시오, (서로를)
배려하십시오.

엡5장

1 그런즉 여러분은 사랑받는 자녀라는 생각으로, 하나님을 본받
는 자가 되십시오.
2 또한 그리스도께서 여러분을 사랑하셨고 그리고 우리를 대신
해서 하나님이 받으실 만한 향기로운 봉헌 제물로 자신을 넘겨주
신 것처럼 여러분도 사랑으로 살아가십시오.
3 이제 음란함과, 온갖 더러움(도덕적 타락)과, 탐욕은 여러분 가운
데서 언급조차 되지 않게 하십시오. 성도들에게 마땅한바 입니다.
4 음담패설 혹은 상스러운 농담, 이런 것들 보다는 오직 감사의
말이 (성도들에게) 더 적절합니다.
5 여러분도 이미 아시다시피 간음하는 자, (도덕적으로 타락한) 더러
운 자, (다른 사람을 이용해 먹는) 탐욕스러운 자 곧 우상 숭배자는 그
리스도와 하나님의 나라에서 받을 상속이 없습니다.

6 누구도 헛된 말로 여러분을 속이지 못하게 하십시오. 왜냐하면
이것 때문에 하나님의 진노가 불순종의 아들들 위에 임하기 때문
입니다.
7 그러므로 여러분은 저들과 함께 어울리지 마십시오.
8 이전에 여러분은 어둠이었습니다. 그러나 이제는 주님 안에서
빛입니다. 빛의 자녀처럼 행하십시오.
9 진실로 성령의 열매는 모든 선함과 의로움과 진실함 속에 있습

니다.
10 주님께 기쁘게 해드릴 것이 무엇인지 면밀히 살펴본 후에,
11 열매 맺지 못하는 어두운 일에 참여하지 말고 도리어 책망하
십시오.
12 저들에 의해 은밀하게 행해지는 것들은 말하기조차 부끄러운
것입니다.
13 더욱이 책망 받는 모든 것은 빛에 의해 드러나게 됩니다.
14 참으로 드러나게 된 것마다 그것은 빛입니다. 그러므로 그가
말씀하시기를 "잠자는 자여 일어나라, 죽은 자들로부터 일어나
라, 그리스도께서 너에게 빛을 비추실 것이라" 하십니다.

15 그런즉 여러분은 어떻게 행하고 있는지 정확하게 관찰하십시
오. 어리석은 자가 아니라 현명한 자처럼 하십시오.
16 기회를 얻으십시오, 때가 악합니다.
17 그러므로 우매한자(다양한 측면을 헤아리지 못하는 자)가 되지 말고
주님의 뜻이 무엇인지 이해하십시오.
18 술에 취하지 마십시오. 방탕함이 그 속에 있습니다. 성령 안에
서 충만해지십시오.(수동태)
19 찬양과 찬송과 영적인 송시로 서로 화답하며, 주님과 함께 마
음을 다하여 노래하며 연주하면서,
20 언제나 범사에 우리 주 예수 그리스도의 이름으로 하나님 아
버지께 감사를 표현하십시오.
21 하나님을 경외하는 가운데 서로 상호간에 순종하십시오.

22 아내들은, 주님께 순종하듯 남편에게 순종하십시오.
23 그리스도께서 교회의 머리이심 같이 남편은 아내의 머리이기
때문입니다. 그리고 그리스도 자신이 바로 몸의 구원자이십니다.
24 그러므로 교회가 그리스도께 순종하는 것처럼, 아내는 남편에
게 모든 면에서 그렇게 순종하십시오.

25 남편들은, 아내를 사랑하십시오. 그리스도께서 교회를 사랑하셨
고, 교회를 위하여 자신을 넘겨주셨던 것처럼 그렇게 사랑하십시오.
26 이는 교회를 말씀 안에서 물로 씻음과 더불어 거룩하게 하시
려는 것과,
27 교회를 자신 앞에 영광스러운 교회로 세우시려는 것과, 점이
나 주름이나 바로 이러한 것들이 없이 다만 거룩함과 흠 없게 하
시려는 것입니다.
28 이 방법을 따라 남편들은 아내를 자신의 몸처럼 사랑하는 것
이 옳습니다. 아내를 사랑하는 자는 자신을 사랑하는 것입니다.
29 진실로 언제나 어느 누구도 자신의 육체를 미워하지 않았습니
다. 오히려 그것을 양육하며 소중히 보살핍니다. 그리스도 역시
교회를 그와 같이 하십니다.

30 왜냐하면 우리는 (그리스도의 육체에서 그리고 뼈에서 나온) 그리스
도의 몸의 지체들이기 때문입니다.
31 그러므로 남자는 부모를 남겨두고 아내와 결합하여 둘이 한
몸 되십시오.

32 이 비밀은 위대합니다. 나는 지금 그리스도와 교회에 관련하
여 언급하고 있습니다.
33 다른 한편으로는 여러분 역시 각자 그런 방법으로 자신의 아내를
자기 몸처럼 사랑 하십시오. 더욱이 아내는 남편을 존경하십시오.

엡6장

1 자녀들은, 주안에서 부모에게 순종하십시오. 이것이 올바르기
때문입니다.
2 아버지와 어머니를 존경하십시오. 약속이 있는 첫 계명입니다.
3 "네가 땅에서 잘되고 장수할 것이라"고 약속했습니다. (신15:16)

4 또한 아버지들은, 자녀를 화나게 하지 말고, 오직 주님의 바르
게 함과 온건한 책망으로 양육하십시오.

5 종들은, 육체의 주인에게 그리스도께 하듯 성실한 마음으로 두
렵고 떨림으로 순종하십시오.
6 아첨하는 자들처럼 눈앞에서만 일하는 척 하지 말고 그리스도
의 종들처럼 마음을 다하여 하나님의 뜻을 행하십시오.
7 선한 뜻으로 섬기되 사람이 아니라 주님을 섬기듯 하십시오.
8 여러분은 각기 어떤 사람이든지, 종이든 자유인이든 선을 행한
다면 그 주인에게 그대로 받는다는 것을 아시기 바랍니다.

9 또한 주인들은, 여러분도 종들에게 이와 동일하게 하고 협박하
지 마십시오. 여러분과 그들의 주인이 하늘에 계신 것과 또한 그
분은 외모로 판단하지 않는다는 것을 아시기 바랍니다.

10 마지막으로 내 형제들이여, 주님 안에서 그리고 그분의 힘과
권능 안에서 견고해지십시오.
11 마귀의 속임수를 능히 대적할 수 있도록 하나님의 전신갑옷을
입으십시오.
12 정말로 우리가 싸울 상대는 혈과 육이 아니라 주권자들, 권력
자들, 이 세대의 어두움의 통치자들, 높은 하늘에 있는 타락한 영
들입니다.
13 그러므로 악한 날에 견뎌내고 모든 것을 마친 후에 설 수 있도
록 하나님의 전신갑옷으로 무장합시다.
14 그런즉 서서 진리와 함께 허리띠를 조이고, 의롭다함의 흉배
를 걸치고,
15 또한 평화의 복음으로 준비된 전투화를 신으십시오.
16 모든 것 위에 믿음의 큰 방패를 들어 올리십시오. 이로써 악한
자의 작열하는 모든 화살을 능히 막을 수 있습니다.
17 그리고 구원의 투구를 쓰고, 하나님의 말씀인 성령의 단검을
가지십시오.
18 모든 기도와 간구로 성령 안에서 어떤 상황에서든 간청하십시
오. 또한 바로 이것을 위하여 모든 인내력으로 정신 바짝 차리십
시오. 그리고 모든 성도들을 위하여 간구하십시오.
19 내 입에 말씀을 주셔서 내가 복음의 비밀을 담대히 알릴 수 있
도록 나를 위해서도 기도해 주시기 바랍니다.
20 이 복음을 위하여 나는 사슬에 매여 특사의 일을 하고 있습니
다. 나로 하여금 당연히 해야 할 말을 담대히 전할 수 있도록 기도

해 주시기 바랍니다.

21 이제 내게 벌어진 일들 곧 내가 무엇을 하고 있는지 여러분이
알 수 있도록, 사랑받는 형제요 주님 안에서 신실한 일꾼인 두기
고가 여러분에게 모든 것을 알려줄 것입니다.
22 여러분으로 하여금 우리에 관한 일들을 알게 하고 또한 여러
분의 마음을 위로하려는 바로 이 일을 위하여 내가 그를 보냈습
니다.

23 하나님 아버지와 주 예수 그리스도로부터 평화와 그리고 믿
음과 함께하는 사랑이 형제들에게 (있을지어다.)

24 주 우리 예수 그리스도를 영원토록 사랑하는 모든 이들에게
은혜가 (있을지어다.)

빌립보서

빌1장

1 예수 그리스도의 종 바울과 디모데는 그리스도 예수 안에 있는
모든 빌립보 성도들과 그리고 감독들과 집사들에게 (편지를 보냅니다.)
2 우리 하나님 아버지와 주 예수 그리스도로부터 은혜와 평강이
(있을지어다).

3 나는 여러분을 기억할 때마다 내 하나님께 감사드립니다.
4 나의 모든 간구 가운데 언제나 여러분 모두를 위하여 기쁨으로
간구함은
5 첫날부터 지금까지 복음을 위하여 여러분이 동참해 주셨기 때
문입니다.
6 여러분 안에서 선한 일을 시작하신 그분께서 예수 그리스도의
날까지 완수하시리라 나는 확신합니다.
7 내가 이처럼 여러분 모두를 위하여 관심을 갖는 것이 마땅합니
다. 이는 여러분들이 나를 마음에 간직하고 있기 때문이며 역시
나의 매임과 복음에 대하여 변호하고 확증하는 일에 여러분 모두
가 나와 함께 그 은혜에 동참해 주셨기 때문입니다.
8 예수 그리스도의 심장으로 여러분 모두를 얼마나 사랑하는지
하나님께서 내 증인이십니다.
9 나는 기도합니다. 여러분의 사랑이 지식과 모든 이해력과 함께
더욱 많아지고 풍성해져서

10 더 뛰어난 것들을 분별할 수 있기를, 그래서 깨끗하고 흠 없이
그리스도의 날까지 이르고,
11 예수 그리스도로 인한 의의 열매가 가득하여 하나님의 영광과
찬송이 되기를 (기도합니다.)

12 더욱이 형제들이여. 내가 당한 일들로 인하여 오히려 복음이
진일보했다는 것을 알아주시기 바랍니다.
13 심지어 나의 투옥이 재판정 전체에 그리고 나머지 모든 사람
들에게 드러남으로
14 주 안에 있는 형제들 중 대부분이 나의 투옥 때문에 자신감을
얻어 더욱 겁 없이 위험을 무릅 쓰고 말씀을 전파했습니다.

15 참으로 어떤 이들은 질투나 논쟁 때문에 그러나 또한 어떤 이
들은 선한 기쁨으로 그리스도를 전파했습니다.
16 그들은 복음을 변증하도록 나를 세운 줄 알고 사랑으로 했으나
17 심지어 다툼으로 하는 자들은 나의 투옥에 대하여 고통을 더
보탤 불순한 생각으로 그리스도를 전파했습니다.
18 그러면 어떻습니까? 그럼에도 불구하고 체면이든 진실이든
어떤 수단이든 그리스도가 전파되고 있습니다. 이것 때문에 나는
기뻐하고 또 기뻐할 것입니다.
19 이것이 결국 여러분의 기도와 예수 그리스도의 영(성령)의 공
급하심을 통하여 나에게 구원이 된다는 것을 알기 때문에
20 나의 간절한 기대와 소망을 따라 어떤 것에도 부끄러워하지

않고 전과 같이 지금도 전부 낱낱이 (그리스도를) 전파함으로 삶을
통해서든지 죽음을 통해서든지 내 몸에서 그리스도가 크게 확장
될 것입니다.
21 이제 나에게 사는 것은 그리스도입니다. 따라서 죽는 것도 이
득입니다.
22 그러나 육신으로 사는 이것도 수고의 열매라면 나는 어떤 것
을 택해야 할지 모릅니다.
23 그 둘 사이에서 나는 곤경에 처해 있습니다. 내가 가진 욕망은
헤어져서 그리스도와 함께 있는 것이 더 더욱 좋습니다.
24 그러나 내가 육신에 머무는 것이 여러분을 위하여 더 필요합니다.
25 또한 여러분의 믿음의 진전과 (은은한)기쁨을 위하여 내가 살아
남아, 여러분 모두와 함께 함으로,
26 결국 내가 다시 여러분 곁에 나타남으로, 나로 인하여 그리스
도 예수 안에서 여러분의 자랑거리가 풍성하게 될 것을 나는 확
실히 알았습니다.

27 오직 여러분은 그리스도의 복음에 합당한 시민으로 사십시
오. 이는 내가 가서 보나 떠나 있으나 여러분이 복음의 확신을 가
지고 한 마음으로 협력하면서 한 영으로 굳게 서는 것과
28 또한 반대하는 자들로 인하여 어떤 것도 무서워하지 않는 이
런 것을 듣고자 하려는 것입니다. 이것이 그들에게는 참으로 멸
망의 드러난 표시이나 여러분에게는 구원의 표시입니다. 그리고
이것은 하나님에게서 비롯됩니다.

29 여러분에게 은혜를 주신 것은 그를 믿을 뿐 아니라 또한 그를
위하여 고난도 받게 하려는 것입니다.
30 여러분이 겪고 있는 바로 그와 같은 싸움을 여러분은 내 안에
서 보았고, 그리고 지금 나에게 듣고 있습니다.

빌2장

1 그런즉 그리스도 안에서 어떤 권면이 있다면, 어떤 사랑의 위
로가 있다면, 어떤 성령의 교제가 있다면, 사랑의 관심과 배려가
있다면,
2 여러분은 같은 마음을 품고 같은 사랑을 가지고, 일치된 생각으
로 한 마음이 되어,
3 전혀 다툼이나 허영을 따르지 말고 오직 겸손한 자세로 서로를
자신보다 더 중요하게 여기면서,
4 각자 자기 것에만 골몰하지 말고, 다른 사람의 것에도 관심을
가져줌으로 나의 기쁨을 가득 채우시기 바랍니다.

5 진실로 여러분은 그리스도 예수 안에 있는 이런 태도에 관심을
두십시오.
6 곧 그는 하나님의 모습으로 거기에 계셨으나 하나님과 동등함
을 횡재로 여기지 않으시고,
7 오히려 자기 자신을 비우고 종의 모습을 취하셔서 사람들과 똑
같은 모습이 되셨으니 곧 사람의 형태로 나타나셔서,
8 자신을 낮추셨고, 십자가에 죽으심으로 죽기 까지 복종하셨습
니다.
9 그러므로 또한 하나님께서 그를 지극히 높이셨고, 그에게 모든
이름보다 뛰어난 이름을 주셨습니다.

10 이는 예수의 이름 앞에 하늘이나 땅이나 땅 아래에 있는 모든
자들의 무릎을 꿇게 하고,
11 또한 아버지 하나님의 영광을 위하여 모든 혀가 예수 그리스
도의 주되심을 고백하게 하려는 것입니다.

12 그러므로 내 사랑하는 자들이여, 여러분이 항상 주의 깊게 경
청했던 것처럼, 내가 곁에 있을 때와 같이 지금 내가 없을 때에도
더 더욱 두려움과 떨림으로 여러분 자신의 구원을 완수하십시오.
13 진실로 하나님은 여러분 안에서 효과적으로 역사하시는 분이
십니다. 그 분은 열망을 주시고 또한 행함도 주십니다. 그리고 기
뻐하십니다.
14 모든 일을 불평과 논쟁 없이 하십시오,
15 이는 고집 세고 부패한 세대 한복판에서 여러분들을 흠 없고
깨끗한 하나님의 자녀가 되게 하여 그들 가운데 세상의 빛으로
나타내려는 것입니다.
16 나의 전력질주와 또한 나의 수고가 결코 헛되지 않고 그리스
도의 날에 자랑거리가 될 수 있도록 여러분은 생명의 말씀을 꽉
잡으십시오.
17 또한 여러분이 믿음으로 드리는 희생제물과 헌신 위에 내 생
명을 드린다할 지라도 나는 여러분 모두와 함께 기뻐하고 기뻐합
니다.
18 그러므로 이와 같이 여러분도 나와 함께 기뻐하고 또 기뻐하
십시오.

19 더욱이 주 예수 안에서 디모데를 여러분에게로 속히 보내기
를 소망합니다. 나 역시 여러분에 대한 소식을 듣고 위안을 받으
려는 것입니다.
20 그러나 나와 같은 마음으로 여러분의 형편을 진정으로 염려해
줄 사람이 내게는 아무도 없습니다.
21 모두가 그리스도의 일이 아니라 자신의 일을 추구하기 때문입
니다.
22 여러분은 디모데의 연단을 잘 알고 있습니다. 그는 아들이 아
버지에게 하듯 복음을 위하여 나와 함께 종으로 헌신했습니다.
23 그런즉 내 주변 일들이 어떻게 되는지 보고서 지체 없이 디모
데를 보내기를 소망합니다.
24 또한 주 안에서 나 역시 속히 가게 될 것을 확신합니다.

25 그러나 지금은 에바브로디도를 여러분에게 보내는 것이 필요
하다고 판단됩니다. 그는 형제요, 함께 수고하는 자요, 고통을 같
이하는 자요, 또한 여러분을 위한 사신이요, 나의 필요를 공급하
는 일꾼입니다.
26 그는 여러분 모두를 간절히 보고 싶어 합니다. 또한 자신이 병
들었다는 소식이 여러분에게 전해진 것으로 인하여 심히 괴로워
했습니다.
27 참으로 그는 병들어 거의 죽음에 이르렀으나 하나님께서 그뿐
아니라 나를 불쌍히 여기셔서 근심하지 않게 해 주셨습니다.
28 따라서 그를 더 신속히 보냄은 여러분들도 그를 다시 보고 기

빼하고 나 또한 근심을 덜게 하려는 것입니다.
29 그러므로 주 안에서 모든 기쁨으로 환대해 주시고, 바로 이런
사람들을 더욱 존경하십시오.
30 그는 그리스도를 위한 일 때문에 죽음에 이르렀으나, 나를 섬
기는 일에 있어서 여러분들의 부족한 부분을 채우려고, 자신의
목숨을 돌보지 않았습니다.

빌3장

1 내 형제들이여, 이 후로는 주 안에서 기뻐하십시오. 같은 말을
반복하더라도 나는 결코 지루하지 않습니다. 그러나 여러분에게
는 이것이 안전합니다.

2 개(하나님을 대적하는 자)들을 주의하십시오, 악을 일삼는 자들을
주의하십시오, 할례당을 주의하십시오.
3 참으로 하나님의 영으로 헌신하며, 예수 그리스도를 자랑하고,
육체를 의존하지 않는 우리가 할례당입니다.
4 하기야 나 역시 육체를 의존할 만합니다. 만일 다른 어떤 사람이
육체를 가지고 설득할 것으로 생각한다면 나는 그보다 더 합니다.
5 나는 팔 일만에 할례 받았으며, 이스라엘 출신이요, 베냐민 지파
요, 히브리인 중에서도 히브리인이요, 율법으로는 바리새인이요,
6 경쟁적으로 교회를 핍박했으며, 율법으로는 흠 없이 살았습니
다.
7 그러나 무엇이든지 내게 유익하던 그것을 그리스도 때문에 손
해로 여겼습니다.
8 사실 물어볼 필요도 없이 나는 모든 것을 손해로 여깁니다. 내
주 그리스도 예수를 아는 것이 가장 뛰어나기 때문입니다. 또한
나는 그것들을 배설물로 여깁니다. 이는 내가 그리스도를 얻고,
9 또한 그리스도와 함께 발견되려는 것입니다. 내가 소유한 의는

율법에 의한 것 아니라 오직 그리스도를 믿는 믿음에 의한 것이
니 믿음으로 인해 하나님에게서 비롯된 의입니다.
10 내가 그리스도와, 그의 부활의 능력과, 그의 고난에 참여함을
알고자 함은 그분의 죽으심을 본받아
11 어떻게든 내가 죽은 자의 부활에 이르려는 것입니다.

12 내가 벌써 얻은 것도 아니요 이미 완성한 것도 아닙니다. 그리
스도 예수께 잡힌바 된 그것을 나 또한 잡으려고 뒤따르는 중입
니다.
13 형제들이여, 나는 내 자신이 잡았다고 생각하지 않습니다. 그
러나 오직 하나, 뒤에 있는 것은 잊어버리고 다만 앞에 있는 것들
을 향하여 손을 뻗어,
14 그리스도 예수 안에서 하나님께서 초청하신 위에 있는 상을
바라보며 결승점을 향하여 달려가고 있습니다.

15 그런즉 우리 온전한 자들은 누구든지 이것을 생각합시다. 그
리고 만일 누가 다르게 생각한다면 그것도 하나님께서 여러분에
게 전부 나타내실 것입니다.
16 우리가 어느 곳에 이르렀다 할지라도, 동일한 규칙을 마음에
품고, 동일한 자세로 행진합시다.

17 형제들이여, 여러분은 나를 본받는 자가 되십시오. 우리를
본으로 삼은 것같이 여러분도 그렇게 살아가는 자들을 주목하십

시오.
18 진실로 많은 사람들이 그리스도 십자가의 원수로 살아갑니다.
여러분에게 그들을 자주 언급했으나 이제 또한 눈물을 흘리며 말
합니다.
19 저들의 결말은 멸망입니다. 저들의 신은 배요 저들의 영광은
망신 가운데 있습니다. 세상의 일들만 생각하는 자들입니다.
20 물론 우리의 시민권은 하늘에 있습니다. 또한 우리는 그곳으
로부터 구원자 이신 주 예수 그리스도를 기다립니다.
21 그분께서 만물을 자신에게 굴복케 하실 수 있는 그분의 역사
를 따라 우리의 낮은 몸을 자신의 영광스런 몸과 동일한 모습으
로 우리를 바꾸실 것입니다.

빌4장

1 그러므로 친애하는 그리고 많은 사랑을 받는 나의 형제들이여,
나의 기쁨 나의 면류관인 사랑하는 자들이여, 이 방법을 따라 주
안에 굳게 서십시오.

2 유오디아를 부탁합니다. 순두게를 부탁합니다. 주 안에서 동일
하게 관심을 가져주십시오.
3 나의 신실한 단짝인 그대에게 간청합니다. 이 여인들을 도와주
십시오. 나와 함께 복음 안에서 협력한 자들입니다. 클래멘드와
그 밖의 나의 동역자들과도 함께 협력했습니다. 그들의 이름이
생명책에 있습니다.

4 주 안에서 기뻐하십시오. 내가 다시 말합니다. 기뻐하십시오.
5 여러분의 따뜻한 마음을 모든 사람에게 베풀어 주십시오. 주의
재림이 다가왔습니다.
6 아무것도 염려하지 마시고 모든 일에 감사와 함께 기도와 간구
로 여러분이 필요한 것들을 하나님께 이해시키십시오.
7 그러면 모든 생각을 뛰어넘는 하나님의 평화가 그리스도 예수
안에서 여러분의 마음과 생각을 지킬 것입니다.

8 마지막으로 형제들이여, 여하튼 진실하십시오, 정직하십시오,

의를 행하십시오, 깨끗하십시오, 친절하십시오, 좋은 말을 하십시오, 그리고 탁월함이나 칭찬 이런 것들을 생각하시기 바랍니다.
9 또한 여러분은 나에게서 배우고, 받고, 듣고, 본 것들을 실천하십시오. 그러면 평화의 하나님께서 여러분과 함께 계실 것입니다.

10 더욱이 주 안에서 나는 크게 기뻐합니다. 왜냐하면 예전에 나를 도우려는 여러분의 관심이 이제 다시 싹텄기 때문입니다. 이것을 위하여 여러분이 생각은 있었으나 기회가 없었습니다.
11 내가 궁핍해서 말하는 것이 아닙니다. 진실로 나는 어떤 형편에서도 자족하는 것을 배웠습니다.
12 그런즉 나는 초라하게 살줄도 압니다. 또한 풍족하게 살줄도 압니다. 모든 일에 그리고 어떠한 경우에도 배부른 것과 배고픈 것 그리고 풍부한 것과 궁핍한 것까지 전부 배웠습니다.
13 나를 강하게 하시는 분 안에서 나는 모든 것을 할 수 있습니다.
14 그러나 내 환란에 동참해주셨으니 잘 하셨습니다.

15 빌립보 사람들이여, 이제 여러분도 알다시피 내가 마게도냐를 떠나 복음을 전하던 초기에 유일하게 여러분들 외에는 주고받는 일(선교헌금)에 동참한 교회가 하나도 없었습니다.
16 데살로니가에 있을 때에도 한두 번 내 필요를 채워주었습니다.
17 그렇다고 내가 그 선물을 요구하는 것이 아닙니다. 다만 그 열매가 풍성해져서 여러분이 더 넉넉해지기를 원합니다.

18 나는 모든 것을 받았고 또한 넘칩니다. 에바브로디도를 통해
서 여러분들이 가득 채워주었습니다. 이것은 향기로운 냄새요, 받
을 만한 제물이요, 하나님을 매우 기쁘시게 한 것입니다.
19 또한 그리스도 예수 안에서 영광 가운데 그의 풍성함을 따라
내 하나님께서 여러분의 모든 필요를 채우실 것입니다.
20 하나님 곧 우리 아버지께 영광이 영원무궁 (할지어다.) 아멘

21 그리스도 예수 안에 있는 모든 성도들에게 문안하십시오. 나
와 함께 있는 형제들이 여러분에게 문안합니다.
22 모든 성도들이 여러분께 문안합니다. 특별히 가이사 가족 가
운데 몇 사람들이 문안합니다.
23 주 우리 예수 그리스도의 은혜가 여러분 모두에게 함께 (있을지
어다.) 아멘.

골로새서

골1장

1 하나님의 뜻으로 인하여 예수 그리스도의 사도된 바울과 형제
디모데는
2 골로새 성도들과 그리스도 안에 있는 신실한 형제들에게 (편지
를 보냅니다.) 우리 아버지 하나님과 (그리고 주 예수 그리스도)로부터 은
혜와 평화가 여러분에게 (있을지어다.)

3 우리는 여러분을 위하여 기도하면서 언제나 주 우리 예수 그리
스도의 아버지이신 하나님께 감사드립니다.
4 그리스도 예수 안에 있는 여러분의 믿음과 모든 성도들을 향한
여러분의 사랑에 대하여 듣고 나서,
5 -그것(믿음과 사랑)은 여러분을 위하여 하늘에 쌓인다는 소망 때
문이었고, 그 소망은 진리의 말씀인 복음 안에서 이미 들은 바요,
6 이 복음이 여러분에게 전파되어 진리 안에서 하나님의 그 은혜
를 듣고 그리고 자세히 알게 된 날부터 온 세상에서와 같이 여러
분 가운데서도 열매를 맺으며 자라고 있으니,
7 우리와 함께 종 된 사랑하는 에바브라에게서 여러분이 배운 바
와 같습니다. 그는 여러분을 위한 그리스도의 신실한 일꾼이요,
8 성령 안에서 여러분의 사랑을 우리에게 드러낸 자입니다.-

9 이 때문에 우리 역시, 들었던 그 날부터 여러분을 위하여 기도

하며 강청하기를 멈추지 않고 있습니다. 영적인 모든 지혜와 총명 안에서 하나님의 뜻을 아는 것으로 가득 채워지기를 (기도합니다.)
10 주님과 일치하는 행동으로 범사에 기쁘시게 하고, 모든 선한 일에 열매를 맺으며 하나님을 아는 지식을 향해 자라나기를 (기도합니다.)
11 그분의 영광의 권능을 따라 모든 능력으로 힘 있게 하셔서 기쁨으로 모든 인내와 끈기에 이르기를 (기도합니다.)
12 여러분에게(다른 사본에는 우리에게) 빛 가운데 있는 성도들의 몫을 나누어 가질 자격을 주신 하나님께 우리가 감사드릴 수 있기를 (기도합니다.)
13 하나님은 어두움의 권세에서 우리를 끌어내셨고 그리고 사랑하시는 아들의 나라로 옮기셨습니다.
14 그 아들 안에서 우리는 그의 피로 말미암아 죄의 탕감 곧 구원(몸값을 내고 풀려남)을 소유하고 있습니다.
15 그 아들은 보이지 않는 하나님의 형상이요, 모든 피조물 중에서 맏아들의 지위를 누리는 분이십니다.
16 다시 말해 만물 곧 하늘에 있는 것과 땅 위에 있는 모든 것은 아들의 관리 하에 창조되었습니다. 보이는 것들과 보이지 않는 것들, 군주들이든 통치자들이든 분봉 왕들이든 관리들이든 모든 것은 아들을 통하여 그리고 아들을 위하여 창조되었습니다.
17 또한 아들은 만물보다 우선하시며, 만물은 아들 안에서 함께 그 자리에 있습니다.
18 그리고 아들은 몸의 머리 곧 교회의 머리요, (모든 것의) 근원입

니다. 친히 만물 가운데서 으뜸이 되시려고 죽은 자 가운데서 처
음 나셨습니다.
19 때문에 하나님은 아들 안에 모든 충만함이 거하는 것과,
20 그리고 아들로 말미암아 땅 위에 있는 것이든 하늘에 있는 것
이든 아들의 십자가의 피를 통하여 평화를 이루신 후, 아들을 통
하여 만물이 하나님 자신과 화해하는 것을 기뻐하셨습니다.

21 또한 전에는 악한 행실 때문에 마음에서 멀어져 원수가 된 여
러분을
22 그러나 이제는 거룩하고 흠 없고 책망할 것 없게 하나님 앞에
세우시려고 아들의 죽음을 통하여 아들의 육신의 몸 안에서 화해
하셨습니다.
23 더군다나 여러분이 기초를 튼튼하게 세우고 나서, 여러분이
들었던 복음의 소망에서 떠나지 않고 믿음에 거한다면 그렇게 됩
니다. 이 복음은 천하 만민에게 전파되었고, 나 바울은 이 복음의
일꾼이 되었습니다.

24 이제 여러분을 위하여 겪는 나의 고통스런 일들을 나는 기뻐
합니다. 그리고 그리스도에 대한 고난의 남은 부분을 그의 몸 된
교회를 위하여 내 육체에 (차례대로) 채웁니다.
25 내가 하나님의 경륜(계획하심)을 따라 일꾼이 된 것은 여러분을
위하여 내게 주신 하나님의 말씀(뜻)을 성취하기 위함입니다.
26 이 비밀은 영원 전부터 그리고 모든 세대로부터 숨겨졌으나,

지금 하나님의 성도들에게 명백하게 나타났습니다.
27 하나님께서는 성도들로 하여금 이방민족들 가운데 이 비밀의
영광이 얼마나 부요하신지 알기를 원하셨습니다. 이 비밀은 여러
분 안에 계신 영광의 소망이신 그리스도이십니다.
28 우리는 모든 사람을 그리스도 예수 안에서 온전하게 세우려
고, 모든 지혜로 각 사람을 조언하며 각 사람을 가르치면서 그리
스도를 전파합니다.
29 이것을 위하여 나 또한 내 속에서 힘있게 활동하시는 그분의
역사를 따라 힘써 노력하며 수고하고 있습니다.

골2장

1 이제 내가 여러분과 라오디게아 사람들과 내 육신의 얼굴을 보지 못한 모든 사람들을 위하여 얼마나 노력하고 있는지 여러분은 아시기 바랍니다.

2 이는 저들의 마음이 위안을 받고 사랑으로 하나 되어 (부족함이 없는) 완전한 이해의 모든 풍부함에 이르러, 하나님의 비밀인 그리스도를 알게 하려는 것입니다.

3 그리스도 안에는 지혜와 지식에 속한 모든 보물들(보물창고)이 숨겨져 있습니다.

4 이것을 말함은 누구도 그럴듯한 논리로 여러분을 속이지 못하게 하려는 것입니다.

5 육신으로는 내가 떠나있어도 영으로는 여러분과 함께 합니다. 여러분의 질서정연함과 그리스도를 믿는 굳건한 믿음을 볼 수 있어 나는 행복합니다.

6 그런즉 그리스도 예수를 주님으로 영접한 만큼 그리스도 안에서 행하시기 바랍니다.

7 그리스도 안에서 뿌리가 내려지게 하십시오. 그리고 세워지게 하십시오. 또한 교훈 받은 대로 믿음 안에서 단단해지십시오. 그분 안에서 감사를 풍성하게 하십시오.

8 누가 여러분을 철학과 헛된 속임수로 끌고 가지 않도록 주의하
십시오. 그것은 사람의 전통과 세상의 초보원리를 따르는 것이지
그리스도를 따르는 것이 아닙니다.
9 그분 안에는 모든 신성(신의 성품)의 충만함이 육체로 거하십니
다.
10 또한 그분 안에서 여러분도 충만해졌습니다. 그분은 모든 왕
과 관리의 머리이십니다.
11 그리스도 안에서 또한 여러분은 손으로 하지 않은 할례 즉 그
리스도의 할례로 육신적인 죄의 몸을 (영적인 몸으로) 바꿔 입었습
니다.
12 여러분은 침례를 통하여 그리스도와 함께 매장되었고, 또한
침례를 통하여 죽은 자들 가운데서 그리스도를 일으키신 하나님
의 역사를 믿음으로 함께 일으킴을 받았습니다.
13 그리고 많은 범죄와 육신의 무할례 때문에 죽은 여러분을 그
리스도와 함께 살리셨습니다. 우리를 위하여 그 모든 잘못을 면
제해 주신 후,
14 우리를 반대하는 법조항에 관한 문서를 취소하셨고, 그리고
십자가에 못 박으셨고 그(문서) 가운데서 그것(법조항)을 없애버렸
습니다.
15 그 왕들과 관리들의 옷을 벗기고 나서 공개적으로 망신을 주
고, 십자가로 그들을 정복하셨습니다.

16 그러므로 누가 먹는 것과 마시는 것과 혹은 절기와 초승달 축

제와 안식일에 관련하여 여러분을 비판하지 못하게 하십시오.
17 이것들은 앞으로 일어날 일들의 그림자입니다. 그러나 몸은
그리스도의 것입니다.
18 아무도 여러분을 비천한 겸손과 천사숭배로 기울게 하여 자격
을 박탈하지 못하게 하십시오. 그는 보지 않은 것을 끼워 넣고 육
신의 생각으로 이유 없이 부풀리면서
19 또한 머리(그리스도)를 단단히 붙들지 않습니다. 온 몸은 머리
부터 시작해서 관절과 힘줄을 통하여 공급을 받고 어우러져 하나
님께서 자라게 하심으로 성장합니다.

20 확실히 여러분은 세상의 초보원리에서 떠나 그리스도와 함께
죽었음에도, 어찌하여 세상에 속하여 사는 것처럼,
21 "붙잡지도 말고, 맛보지도 말고, 만지지도 말라."는 규정을 따
릅니까?
22 모든 것은 다 소모되고 썩어 없어집니다. 그것은 사람의 계명
과 가르침을 따르는 것일 뿐입니다.
23 이런 것들은 사이비와 비천한과 몸을 괴롭히는 것과 관련하여
영리한 발언일지라도, 그 육체를 충족시키기에는 일고의 가치도
없습니다.

골3장

1 따라서 여러분이 그리스도와 함께 살리심을 받았다면 위에 있
는 것들을 구하십시오. 그 곳에 그리스도께서 하나님 우편에 앉
아계십니다.
2 땅에 있는 것이 아니라 위에 있는 것에 주목하십시오.
3 참으로 여러분은 죽었고, 여러분의 생명은 그리스도와 함께 하
나님 안에 감추어졌습니다.
4 우리의 생명이신 그리스도께서 나타나실 그때에, 여러분도 그
리스도와 함께 영광 중에 나타날 것입니다.

5 그런즉 땅에 있는 여러분의 지체 곧 음행과 더러움과 욕정과
악한 욕망과 탐욕을 죽게 하십시오. 탐욕은 우상숭배입니다.
6 이것들 때문에 하나님의 진노가 (불순종하는 자들에게) 나타납니다.
7 여러분도 전에 그들과 함께 사는 동안 그 가운데서 행동했습니
다.
8 그러나 이제는 이 모든 것 곧 (일시적인)노여움과 (복수를 암시하는)
분노와 악의적인 태도와 모욕적인 말과 여러분 입에서 나오는 욕
설을 버리십시오.
9 서로 거짓말을 하지 마십시오. 여러분은 그런 행위와 함께 옛사
람을 벗어버렸고,
10 또한 자신을 만드신 분의 형상을 따라 지식에 까지 새로워진

새사람을 입었으니,
11 거기에는 헬라인이나 유대인도 없습니다. 할례와 무할례도(없
습니다.) 야만인도, 스구디아(스키타이)인도, 노예도, 자유인도(없습니
다.) 오직 그리스도만이 모든 것이며 모든 것 안에 계십니다.

12 그런즉 여러분은 하나님의 택함 받은 거룩한 자들이요 사랑
받는 자들인 만큼 (어려운 처지에 있는 자들에 대한) 사랑의 배려와, 관
용과, 겸손함과, 온유와, 인내로 옷을 입으십시오.
13 누가 누구에게 불평거리가 있다 할지라도 서로 참아주며 스스
로 용서하십시오. 그리스도께서 여러분을 용서하신 것 같이 여러
분도 그렇게 하십시오.
14 더욱이 이 모든 것 위에 사랑을 더하십시오. 사랑은 무엇이든
지 완전하게 연결하는 끈입니다.
15 그리스도의(다른 사본에는 하나님) 평화가 여러분의 마음을 다스
리게 하십시오. 이것을 위하여 여러분은 한 몸으로 부름을 받았
으니, 또한 감사하는 자가 되십시오.
16 그리스도의 말씀이 여러분 속에 풍부하게 거하게 하십시오.
모든 지혜로 피차 조언하며 가르치십시오. 감사로 시와 찬미와
신령한 노래를 하며, 마음을 다해 주님께 노래하십시오.
17 누구든지 말로 하든 혹은 일로 하든, 모든 것들을 주님의 이름
으로 하면서, 주님을 통하여 하나님 아버지께 감사하십시오.

18 아내들이여, 남편에게 순종하십시오. 주 안에서 칭찬받을 일

입니다.

19 남편들이여, 아내를 사랑하십시오. 아내를 향해 모질게 하지 마십시오.

20 자녀들이여, 모든 일에 부모님께 순종하십시오. 이것이 주님을 기쁘시게 하는 것입니다.

21 아비들이여, 자녀들을 흥분시키지 마십시오. 이는 그들을 낙심시키지 않기 위함입니다.

22 종들이여, 모든 일에 주인을 따르십시오. 사람에게 인정받으려고 눈가림하지 말고 하나님을 두려워하면서 성실한 마음으로 하십시오.
23 어떤 일이든 사람이 아니라 주님께 하듯 진심으로 하십시오.
24 주님께로부터 상속권을 상으로 받는 줄 여러분도 알고 있으니, 주님이신 그리스도를 계속 섬기십시오.
25 그러나 속이는 자는 잘못한 대가를 받을 것이니, 그분은 외모로 판단하지 않습니다.

골4장

1 주인들이여, 여러분도 주인이 하늘에 계신 줄 알고 있으니, 종
들에게 의와 공평을 베풀어 주십시오.

2 기도를 고집하며, 감사함으로 기도에 깨어있기 바랍니다.
3 또한 그 (기도)시간에 우리를 위해서도 기도해 주시되, 하나님께
서 우리에게 전도의 문을 열어주셔서 그리스도의 비밀을 전할 수
있도록 기도해주시기 바랍니다. 이것 때문에 나는 감옥에 갇혀있
습니다.
4 이는 내가 마땅히 전해야 할 말씀인 만큼 그 비밀을 명백하게
나타내려는 것입니다.

5 외부인들을 향하여는 지혜로 행하며, 때(기회)를 모으십시오.
6 여러분의 말이 언제나 은혜 가운데 소금으로 맛을 더했을 때,
여러분은 각 사람에게 어떻게 대답해야함을 이미 안 것입니다.

7 나에 관한 모든 것은 주님 안에서 사랑받는 형제요 신실한 일
꾼이요 함께 종 된 두기고가 여러분에게 알려줄 것입니다.
8 바로 그 일을 위하여 내가 두기고를 여러분에게 보냈습니다. 이
는 그로 하여금 여러분에 대한 사정을 파악하고 여러분을 위로하
게 하려는 것입니다.

9 사랑받는 신실한 형제 오네시모를 함께 보냅니다. 그는 여러분
에게서 온 자입니다. 그들이 여기의 일 모두를 여러분에게 알려
줄 것입니다.

10 나와 함께 갇힌 아리스다고와 바나바의 생질 마가가 여러분
을 문안합니다. 마가에 대하여는, 그가 여러분에게 도착하면 영접
하라는 명을 받았을 줄 압니다.
11 또한 '유스도'라 부르는 예수도 문안합니다. 저들은 할례파에
속해 있으나, 이들만은 하나님의 나라를 위하여 함께 수고하는
자들입니다. 이런 사람들이 나의 위안이 되어왔습니다.
12 여러분에게서 온 에바브라가 문안합니다. 그리스도의 종인 그
는 하나님의 모든 뜻으로 여러분을 충만하게 하여 온전한 자로
세우려고 여러분을 위하여 항상 힘써 기도하는 중에 있습니다.
13 진실로 내가 증인입니다. 그에게는 여러분과 라오디게아와 그
리고 히에라볼리에 있는 자들을 위하여 대단한 열정을 가지고습
니다.
14 사랑받는 의사 누가와 데마가 여러분을 문안합니다.

15 라오디게아에 있는 형제들과 눔바와 그녀의 집에서 모이는
교회를 문안하십시오.
16 이 편지를 다 읽고나면, 라오디게아의 교회에서도 읽게 하시
고, 라오디게아에서 오는 편지 또한 여러분도 읽으시기 바랍니다.
17 그리고 아킵보에게 주님 안에서 받은 그 직분을 삼가 조심하

고, 그것을 잘 수행하라고 일러주십시오.
18 나 바울은 친필로 문안합니다. 나의 매인 것을 유념하십시오.
은혜가 여러분에게 (있을 지어다.)

데살로니가전서

살전1장

1 바울과 실루아노와 디모데는 하나님 아버지와 주 예수 그리스
도 안에 있는 데살로니가인의 교회에 (편지를 보냅니다.) 하나님 아
버지와 주 우리 예수 그리스도로부터 은혜와 평화가 (있을 지어다.)

2 우리는 여러분 모두를 위하여 하나님께 항상 감사드립니다. 우
리가 기도하는 가운데 여러분을 언급하면서,
3 여러분의 믿음의 역사와 사랑의 수고와 주 우리 예수 그리스도
에 대한 소망의 인내를 우리 아버지 하나님 앞에서 멈추지 않고
되새깁니다.
4 하나님으로부터 이미 사랑받은 형제들이여, 우리는 여러분의
택하심을 보았습니다.
5 이는 우리의 복음이 말로만이 아니라 오직 능력과 성령과 커다
란 확신으로 여러분에게 전해졌기 때문입니다. 우리가 여러분 때
문에 여러분 가운데서 어떤 사람이 되었는지는 여러분이 보신 바
와 같습니다.
6 또한 여러분은 많은 환란 중에도 성령의 기쁨으로 그 말씀을 영
접한 후에 우리와 주님의 모방자가 되었습니다.
7 따라서 여러분은 마케도니아와 아가야에 있는 모든 믿는 자들
에게 본이 되었습니다.
8 주님의 말씀이 여러분으로부터 마케도니아와 아가야에만 울려

퍼진 것이 아니라, 하나님을 향한 여러분의 믿음 또한 각처에 울
려 퍼졌으므로 우리에게는 어떤 말도 필요치 않습니다.
9 이제 그들(마케도니아, 아가야 성도) 자신이 우리에 관하여 곧 우리
가 여러분(데살로나가 성도)에게 어떤 방법으로 들어갔는지, 그리고
여러분이 어떻게 우상들을 버리고 하나님께로 개종하여 살아계
신 참된 하나님을 섬기며,
10 또한 하늘로부터 그분의 아들을 기다리는지에 관하여 말하고
있습니다. 그분께서 죽은 자 가운데서 아들을 다시 일으키셨습니
다. 그 아들은 장차 나타날 진노에서 우리를 건지실 예수이십니다.

살전2장

1 형제들이여, 우리가 여러분에게로 들어감이 헛되지 않았음을
여러분 자신이 이미 알고 있습니다.
2 여러분도 알다시피 우리가 빌립보에서 미리 고난을 겪었고 그
리고 능욕을 당했으나, 분투노력하며 하나님 안에서 하나님의 복
음을 여러분에게 거침없이 전했습니다.
3 우리의 권면은 속임수나 더러움에서 비롯된 것도 아니요 잔꾀
에 속한 것도 아닙니다.
4 우리가 이같이 말함은 오직 하나님에 의해 검증 되었고 복음을
위탁받은 만큼, 사람을 기쁘게 하기보다는 우리의 마음을 살피시
는 하나님을 기쁘시게 하려는 것입니다.
5 여러분도 알다시피 우리는 본래 아첨의 말이나 위장된 욕심으
로 온 것이 아닙니다. 하나님이 증인이십니다.
6 우리는 사람으로부터 영광을 바라지 않습니다. 여러분에게도,
다른 사람에게도 결코 바라지 않습니다.

7 우리는 그리스도의 사도로서 권위를 휘두를 수도 있으나, 어머
니가 자기 자녀를 소중히 여기듯 여러분에게는 부드러운 자가 되
었습니다.
8 여러분은 우리에게 사랑받는 자가 되었기 때문에 그렇게 여러
분을 사모하며 하나님의 복음뿐 아니라 우리의 목숨까지도 나눠

주기를 기뻐합니다.
9 형제들이여, 우리의 수고와 고생을 기억하십시오. 여러분 가운
데 누구에게도 부담을 주지 않으려고 밤낮으로 일하면서 하나님
의 복음을 전했습니다.
10 믿는 여러분에게 우리가 얼마나 거룩하고 의롭고 흠 없이 대
하였는지 여러분과 하나님이 증인이십니다.
11 아시는 바와 같이 아버지가 자기 자녀에게 하듯 여러분 각 사
람에게
12 우리가 권면하고 격려하고 강조한 것은 여러분으로 하여금 영
광스런 하나님의 나라로 부르신 하나님께 합당히 행하게 하려는
것입니다.

13 그러므로 우리가 계속해서 하나님께 감사드림은, 여러분이
우리 곁에서 하나님의 말씀을 듣고 받아들일 때 사람의 말이 아
니라 진실로 하나님의 말씀인 것처럼 영접했기 때문입니다. 이
말씀은 또한 믿는 여러분 속에서 역사하고 있습니다.
14 형제들이여, 여러분은 그리스도 예수 안에서 유대지역에 있는
하나님의 교회들의 모방자가 되었습니다. 왜냐하면 유대교회들
이 유대인들에게 당했던 것과 동일하게 여러분도 여러분의 동포
들에게 고난을 당했기 때문입니다.
15 유대인들은 주 예수와 자신들의 선지자들을 죽였으며, 여러분
을 무자비하게 박해했으며, 하나님을 기쁘시게 하지 않고, 모든
사람의 대적이 되었고,

16 언제나 동일한 그 죄를 채우기 위하여 이방인들을 구원하려는
우리의 전도를 방해했습니다. 그러나 마침내 진노가 그들에게 임
했습니다.

17 형제들이여 이제 우리가 잠시 여러분과 분리된 것은 얼굴이
지 마음은 아닙니다. 여러분의 얼굴을 보려는 열망으로 각별한
노력을 기울였습니다.
18 참으로 우리는 여러분에게 가기를 원했습니다. 나 바울 역시
한두 번 (가려 했으나) 사탄이 우리를 방해했습니다.
19 무엇이 우리의 소망 혹은 기쁨 혹은 자랑스러운 면류관이겠습
니까? 과연 주께서 강림하실 때 주 우리 예수 그리스도 앞에 있는
여러분이 아닙니까?
20 실로 여러분은 우리의 영광이요 기쁨입니다.

살전3장

1 그러므로 우리는 더 이상 참지 못하여 우리만 아덴(아테네)에 남
아있기로 하고,
2 우리 형제요 하나님의 일꾼이요 그리스도의 복음 안에서 우리
와 함께 수고하는 디모데를 여러분에게 보냈습니다. 이는 여러분
의 믿음에 관하여 여러분을 굳게 하고 격려함으로
3 이런 환란들 가운데 아무도 흔들리지 않게 하려는 것입니다. 여
러분도 알다시피 이것(환란)을 위하여 우리가 지명되었고,
4 또한 우리가 여러분과 함께 있을 때 우리가 환란 받을 것이라고
미리 말한 대로 역시 그렇게 되었습니다.
5 그러므로 나 역시 더 이상 참지 못하고 여러분의 믿음을 알아보
기 위하여 (그를) 보냈습니다. 이는 혹시라도 시험하는 자가 여러
분을 유혹하여 우리의 수고를 헛되게 하지 않을까함입니다.

6 그러나 이제 디모데가 돌아와 여러분의 그 믿음과 사랑에 관한
기쁜 소식과 또한 우리가 여러분을 보고자 함 같이 여러분도 그
렇게 간절히 원하며, 여러분이 언제나 우리에 대하여 좋은 기억
을 가지고 있다고 전해주었습니다.
7 그러므로 형제들이여, 우리의 많은 환란과 궁핍에도 여러분 때
문에 우리는 위로를 받았습니다.
8 여러분이 주님 안에 굳게 서있다면 우리는 이제야 살만합니다.

9 여러분으로 인하여 우리 하나님 앞에서 우리가 기뻐하는 그 모
든 기쁨위에 여러분을 위하여 무슨 감사의 말로 하나님께 보답할
수 있겠습니까?
10 여러분의 얼굴을 뵙고 여러분의 믿음 가운데 부족한 것을 온
전케 하려고 밤낮으로 열심히 간구합니다.

11 이제 하나님 우리 아버지와 주 우리 예수 그리스도께서 친히
우리의 길을 여러분에게로 인도해 주시고,
12 더욱이 주님께서 여러분으로 하여금 우리가 여러분을 사랑함
같이 여러분 상호간에 그리고 모든 사람에 대한 사랑으로 차고
넘치게 해 주시며,
13 여러분의 마음을 확고하게 하셔서 주 우리 예수 그리스도께서
모든 성도들과 함께 강림하실 때 우리 아버지 하나님 앞에 거룩
함으로 흠 없게 하시기를 (간구합니다.)

살전4장

1 그러므로 형제들이여, 이후로 우리는 주 예수 안에서 여러분을
권면하며 또한 요청합니다. 여러분은 마땅히 어떻게 행해야 하는
지 그리고 하나님을 어떻게 기쁘시게 하는지 우리에게서 받은 대
로 그와 같이 더욱 풍성하게 하십시오.
2 주 예수로 말미암아 우리가 여러분에게 나눠준 명령이 무엇인
지 여러분은 이미 알고 있습니다.
3 진실로 '여러분의 거룩함' 이것이 하나님의 뜻입니다. 성적 부
도덕함으로부터 여러분을 멀리하십시오.
4 각각 자신의 아내를 거룩함과 존귀함으로 대할 줄 알아야 합니
다.
5 하나님을 모르는 이방인들처럼 부적절한 정욕에 빠지지 마십
시오.
6 어떤 일에 있어서 너무 지나치거나 또는 (돈 문제로) 자신의 형제
를 이용하지 마십시오. 주님께서 이 모든 것에 대하여 벌하시기
때문입니다. 우리가 여러분에게 미리 말했고 권고했던 바입니다.
7 참으로 하나님은 우리를 부도덕함이 아니라 거룩함으로 부르
셨습니다.
8 그러므로 (이 명령을) 거절하는 자는 사람을 거절함이 아니라, 우
리에게 성령을 주신 하나님을 거절하는 것입니다.

9 이제 형제사랑에 관하여는 여러분에게 쓸 필요가 없습니다. 여
러분 자신이 하나님께 배워 서로를 사랑할 뿐 아니라,
10 마케도니아 전 지역에 있는 모든 형제들을 향하여 실천하고
있기 때문입니다. 형제들이여, 이제 우리는 여러분에게 강권합니
다. 더 많이 하십시오.
11 또한 우리가 여러분에게 명한 것처럼, 조용한 휴식과 자신의
일을 행하는 것과 자신의 손으로 노력하는 것에 큰 관심을 기울
이십시오.
12 이는 외부 사람들을 향하여 품위 있게 행동하며 또한 여러분
가운데 아무도 궁핍함이 없게 하려는 것입니다.

13 형제들이여, 자는 자들에 관하여는 여러분이 알지 못하기를
원치 않습니다. 이는 소망이 없는 다른 사람들처럼 슬퍼하지 않
게 하려는 것입니다.
14 물론 예수께서 죽으셨고 그리고 다시 일어나셨다는 것을 우리
가 믿는다면, 또한 하나님께서 이와 같이 예수 안에서 잠든 자들
을 그와 함께 데리고 오실 것입니다.

15 우리가 주님의 말씀으로 여러분에게 말합니다. 주님의 재림
때까지 우리가 살아 남아있을 지라도 잠든 자들보다 결코 앞서지
못할 것입니다.
16 왜냐하면 주님께서 호령과 천사장의 소리와 하나님의 나팔 가
운데 친히 하늘로부터 내려오시면, 그리스도 안에서 죽은 자들이

가장 먼저 일어나고,
17 그 후에, 살아남은 우리가 공중에서 주님을 만나기 위해 같은
시간에 그들과 함께 구름 속으로 끌려갈 것이기 때문입니다. 그
후에 우리는 언제나 주님과 함께 있을 것입니다.
18 그러므로 이러한 것들로 서로를 위로하십시오.

살전5장

1 형제들이여, 이제 때와 시기에 관하여는 여러분에게 쓸 필요가
없습니다.
2 주님의 날이 도둑처럼 한밤중에 그렇게 온다는 것을 여러분 자
신이 잘 알고 있기 때문입니다.
3 그들이 "평안하다, 안전하다"라고 말할 바로 그때에 산모에게
갑자기 진통이 오는 것처럼 그들에게 재난이 닥칠 것입니다. 결
코 피하지 못합니다.
4 그러나 형제들이여, 여러분은 어둠에 있지 않습니다. 그래서 그
날이 여러분에게 도둑처럼 다가오지 못할 것입니다.
5 여러분 모두는 빛의 아들이요 낮의 아들입니다. 우리는 밤이나
어둠에 속해있지 않습니다.
6 그렇다면 우리는 다른 사람들처럼 잠에 빠질 것이 아니라 깨어
근신해야 합니다.
7 자는 자들은 밤에 자고, 취하는 자들 역시 밤에 취합니다.
8 그러나 낮에 속한 우리는 침착하게 믿음과 사랑이라는 가슴받
이 갑옷을 입고 구원의 소망이라는 투구를 씁시다.
9 하나님께서 우리를 세우심은 분노(징계)가 아니라, 주 우리 예수
그리스도를 통하여 구원을 받아 누리게 하려는 것입니다.
10 주님은 우리로 하여금 깨어있든 잠을 자든 주님과 함께 살게
하려고 우리를 대신해서 죽으셨습니다.

11 그러므로 서로를 권면하십시오, 한 사람이 다른 사람을 세워 주십시오. 또한 여러분이 행하는 바입니다.

12 형제들이여, 이제 우리가 여러분에게 요청합니다. 여러분 가운데서 수고하는 자와 주님 안에서 여러분을 인도하는 자와 여러분을 지도하는 자들을 존경하십시오.
13 또한 그들의 수고로 말미암아 사랑으로 더할 나위 없이 귀하게 여기며, 그들과 함께 평화롭게 지내십시오.
14 형제들이여, 이제 여러분에게 촉구합니다. 무질서한 자들을 훈계하십시오. 낙심한 자들을 격려하십시오. 약한 자들을 붙들어 주십시오. 모든 사람을 향하여 (성질부리지 말고) 인내하십시오.
15 누구든 악을 악으로 되돌려 주지 않도록 조심하십시오. 다만 서로를 위하여 또한 모두를 위하여 언제나 선을 뒤따르십시오.

16 항상 기뻐하십시오.
17 계속해서 기도하십시오.
18 어떤 상황에서도 감사하십시오. 이것이 그리스도 예수 안에 있는 여러분을 향한 하나님의 뜻이기 때문입니다.
19 성령을 멈추게 하지 마십시오.
20 예언을 무시하지 마십시오.
21 모든 것을 검증하시고, 좋은 것을 곁에 두십시오.
22 어떤 형태로든 (표준에서 벗어나는) 나쁜 것으로부터 멀리하십시오.

23 더욱이 평화의 하나님께서 친히 여러분을 (높은 수준에서) 온전
히 거룩하게 하시고, 또한 여러분의 영과 혼과 몸이 주 우리 예수
그리스도께서 강림하실 때 나무랄 것 없이 모든 면에서 온전하게
유지되기를 바랍니다.
24 여러분을 부르시는 그분은 신실하십니다. 그분께서 또한 완수
하십니다.

25 형제들이여, 우리를 위해 기도해 주십시오.

26 거룩한 인사로 모든 형제들을 문안하십시오.
27 이 편지를 모든 성도들에게 큰 소리로 읽어주시기를 주님께
서원하며 명령합니다.
28 주 우리 예수 그리스도의 은혜가 여러분과 함께(있을 지어다.) 아
멘.

데살로니가후서

살후1장

1 바울과 실루아노와 디모데는 하나님 우리 아버지와 주 예수 그
리스도 안에 있는 데살로니가 교회에 (편지를 보냅니다.)
2 하나님 우리 아버지와 주 예수 그리스도로부터 은혜와 평화가
여러분에게 (있을 지어다.)

3 형제들이여, 우리가 여러분을 위하여 하나님께 항상 감사드림
이 당연합니다. 여러분의 믿음이 더욱 자라나고 여러분 모두 각
자 서로를 향한 사랑이 넘쳐나기 때문에 이같이 하는 것이 합당
합니다.
4 이런 이유로, 우리가 하나님의 (교회들 앞에) 여러분의 모든 박해
와 그리고 핍박을 견디는 여러분의 인내와 믿음에 관하여 자랑하
는 것이
5 하나님의 공정한 판결의 표시입니다. 이는 여러분으로 하여금
하나님 나라에 온전히 합당한 자로 여김 받게 하려는 것입니다.
실로 여러분은 그 나라를 위하여 고난을 겪고 있습니다.
6 여러분을 괴롭히는 자들에게 (육체적인) 고통으로 갚으시는 것과
7 괴로움을 겪는 여러분에게 우리와 함께 편안함으로 갚으시는
것이 하나님 앞에서 공정한 일입니다. 주 예수께서 그의 힘 있는
천사들과 함께 하늘로부터 불꽃가운데 나타나실 때,
8 하나님을 알지 못하는 자들과 주 우리 예수 그리스도의 복음에

순종하지 않는 자들에게 징벌을 내리십니다.
9 이런 자들은 누구든지 주님의 얼굴과 그분의 힘 있는 영광에서
멀리 떨어져 영원한 멸망이라는 처벌을 받을 것입니다.
10 바로 그 날에, 주께서 오실 때 주님은 그의 성도들에게서 영광
받으실 것이며 또한 믿는 모든 자들에게서 칭송 받으실 것입니
다. 이는 우리의 증언이 여러분에게 믿어졌기 때문입니다.
11 이로 인하여 우리 하나님께서 여러분을 그 부르심에 합당한
자로 여기시며 모든 선한 배려와 믿음의 일을 능력으로 가득 채
우시도록 우리 또한 여러분을 위하여 항상 기도합니다.
12 이는 주 우리 예수 그리스도의 이름이 여러분 가운데서 영광
을 받으시며, 우리 하나님과 주 예수 그리스도의 은혜를 따라 또
한 여러분도 그리스도 안에서 영광 받게 하려는 것입니다.

살후2장

1 형제들이여, 이제 주 우리 예수 그리스도의 재림과 그분 앞에
모이는 우리의 모임에 관하여 여러분에게 강조합니다.
2 그것 때문에 영으로나 설교로나 우리에게서 받았다는 편지를
통하여 주님의 날이 임박했다 하더라도 생각 없이 쉽게 흔들리거
나 겁먹지 마십시오.
3 누구도 (재림의) 방식에 대하여 여러분을 유혹하지 못하게 하십
시오. 그날이 이르기 전에 먼저 진리를 저버리는 일과 그리고 불
법의 사람 즉 멸망의 아들이 드러날 것이기 때문입니다.
4 그는 대적하는 자이며, 신 혹은 숭배의 대상이라고 일컫는 모든
것 위에 자신을 올려놓는 자입니다. 그래서 그는 하나님의 성전을
향하여 하나님인양 앉아서 자신을 하나님이라고 과시할 것입니다.

5 여러분과 함께 있을 때 여러분에게 이것을 말해 왔는데 생각이
안 납니까?
6 그가 자신의 시기에 자신을 드러내려고 지금 억누르고 있는 것
이 있다는 것을 여러분은 이미 알고 있습니다.
7 불법의 비밀이 이미 활동하고 있으나 다만 지금 억누르는 자가
그중에서 옮길 때까지는 억누를 것입니다.
8 그리고 불법한 자가 나타나게 될 그때에, 주께서 입의 기운으로
그를 태우실 것이며 주의 재림으로 나타나실 때 그를 완전히 없
애버릴 것입니다.

9 불법한 자는 사탄의 역사를 따라 모든 능력과 표적과 거짓 징조와
10 모든 사악한 속임수로 멸망하는 자들 가운데 나타날 것입니
다. 왜냐하면 그들(멸망하는 자들)은 자신들을 구원할 진리에 속한
사랑을 받아들이지 않았기 때문입니다.
11 그러므로 하나님께서 그들이 거짓을 믿도록 미혹의 역사를 그
들에게 보낼 것입니다.
12 이는 진리를 믿지 않고 불의를 기뻐하는 모든 자들로 하여금
심판 받게 하려는 것입니다.

13 주님께 사랑받는 형제들이여, 우리가 이제 여러분을 위하여
항상 하나님께 감사드림이 마땅합니다. 왜냐하면 하나님께서 성
령의 거룩하게 하심과 진리를 믿음으로 구원하시려고 태초부터
여러분을 택하셨기 때문입니다.
14 이를 위하여 우리의 복음을 통하여 여러분을 부르셨습니다.
이는 주 우리 예수 그리스도의 영광을 얻게 하려는 것입니다.
15 그러므로 형제들이여, 굳게 서십시오. 그리고 우리의 설교나
편지를 통하여 배운 교훈들을 잘 간직하십시오.

16 이제 주 우리 예수 그리스도와 우리 아버지이신 하나님께서
친히 -하나님은 우리를 사랑하셨고, 영원한 위로와 견고한 소망
을 우리에게 은혜로 주셨습니다.-
17 여러분의 마음을 위로하시고 모든 유익한 말과 행동으로 여러
분을 굳게 하시기를 원합니다.

살후3장

1 이후로는, 형제들이여, 우리를 위하여 기도해 주시기 바랍니
다. 주님의 말씀이 여러분에게서와 같이 빠르게 달려 나가 영광
돌릴 수 있도록,
2 또한 우리를 악하고 그릇된 사람들로부터 건져주시도록 기도
해 주십시오. 참으로 믿음은 모든 사람의 것이 아닙니다.
3 그러나 주님은 신실하십니다. 주님께서 여러분을 굳게 하시며
악한 자들로부터 지켜주실 것입니다.
4 더욱이 우리가 주님 안에서 여러분에 대하여 이미 확신하는 바
는, 우리가 여러분에게 명한 것들을 실천하고 있으며 앞으로도
실천하리라는 것입니다.

5 주께서 여러분의 마음을 지도해 주셔서 하나님의 사랑과 그리
스도의 인내에 까지 이르기를 원합니다.

6 형제들이여, 이제 주 우리 예수 그리스도의 이름으로 여러분에
게 명령합니다. 무질서하게 적당히 행하거나 우리에게서 받은 교
훈을 따르지 않는 형제들에게서 떠나십시오.
7 어떻게 우리를 본받아야 할지 여러분 자신은 이미 알고 있습니
다. 참으로 우리는 여러분 가운데서 무질서하지 않았습니다.
8 우리는 누구에게서든 양식을 거저먹지 않았습니다. 다만 여러

분 가운데 아무에게도 부담을 주지 않으려고 밤낮으로 수고하고
고생하며 일했습니다.
9 우리에게 권리가 없어서가 아닙니다. 우리 자신이 여러분에게
본을 보여 우리를 본받게 하려는 것입니다.
10 우리가 여러분과 함께 있을 때에도 "누구든지 일하기 싫으면
먹지도 말라"고 지시해왔습니다.
11 여러분 가운데는 질서 없이 적당히 행하며 수고도 않고 참견
만하는 자들이 있다는 소문이 들려옵니다.
12 이제 이런 자들에게 지시합니다. 또한 주 우리 예수 그리스도
로 말미암아 권면합니다. 차분한 가운데 자신의 일을 하여 양식
을 먹기 바랍니다.
13 형제들이여, 여러분은 더 존경받는 일을 행하되 낙심하지 마
십시오.
14 누구든지 이 편지에 있는 우리의 말을 순종하지 않는다면, 그
를 지목하고 그와 교제하지 마십시오. 부끄럽게 하려는 것이지,
15 그렇다고 원수처럼 생각하지 마시고, 형제인바 온건하게 책망
하십시오.

16 이제 평화의 주님께서 친히 모든 방법으로 끊임없이 여러분
에게 평안을 주시기 원합니다. 주님께서 여러분 모두와 함께하시
기를 바랍니다.

17 나 바울은 친필로 문안합니다. 모든 편지마다 동일한 표시로

이렇게 씁니다.
18 주 우리 예수 그리스도의 은혜가 여러분 모두에게 있을 지어
다. 아멘

디모데전서

딤전1장

1 우리의 구원자이신 하나님과 우리의 소망이신 주 예수 그리스
도의 명령으로 예수 그리스도의 사도가 된 바울이
2 믿음 안에서 합법적인 아들 디모데에게(편지를 보낸다.) 우리 아버
지 하나님과 그리스도 예수 우리 주로부터 은혜와 긍휼과 평화가
(있을 지어다.)

3 내가 마케도니아로 떠나면서 너를 에베소에 더 머물게 한 것
은, 어떤 사람들에게 명하여 다른 교훈을 가르치지 말며,
4 신화와 끝없는 족보에 관심을 두지 않게 하려는 것이었다. 이런
것은 믿음 안에 있는 하나님의 경륜(계획 관리)보다는 오히려 논쟁
을 안겨줄 뿐이다.
5 그러나 이 명령의 결말은 정결한 마음과 선한 양심과 진실한 믿
음에서 나오는 사랑이니,
6 이것을 놓친 어떤 이들은 쓸데없는 이야기를 늘어놓으며
7 자기가 말하거나 주장하는 것도 이해하지 못한 채 율법사가 되
려고 한다.

8 그러나 우리는 만일 누가 율법을 정당하게 사용한다면 율법은
좋은 것인 줄 안다.
9 율법은 의로운 사람을 위한 것이 아니라, 법을 무시하는 자와 권

위를 무시하는 자, 불경스러운 자와 죄 있는 자, 거룩하지 못한 자
와 저속한 자, 아버지를 때리는 자와 어머니를 때리는 자, 살인자,
10 난봉꾼, 동성애자, 인신매매하는 자, 거짓말쟁이, 위증 자, 그
밖의 건전한 교훈을 반대하는 자를 위한 것이다.
11 내게 맡겨주신 이 교훈은 복되신 하나님의 영광의 복음과 일
치한다.
12 나를 능하게 하신 우리 주 예수 그리스도께 감사드림은, 나를
신실하게 여기셔서 직분자로 세워주셨기 때문이다.
13 이전에 나는 헐뜯고 핍박하고 폭력을 휘두르는 자였다. 그럼
에도 불구하고 내게 긍휼을 베풀어 주셨으니, 이는 내가 믿지 않
을 때 알지 못하고 행했기 때문이다.
14 더욱이 우리 주님의 은혜가 그리스도 예수 안에 있는 믿음과
사랑과 함께 넘치도록 풍성하였다.
15 "그리스도 예수께서 죄인들을 구원하시려고 세상에 오셨다."
이 얼마나 신실하며 또한 모든 사람이 받아들이기에 합당한 말씀
인가! 나는 죄인 중에서도 (아주 특별한) 죄인이었다.
16 그럼에도 불구하고 나는 이 말씀으로 인하여 긍휼함을 얻었으
니 곧 예수 그리스도께서 일절 오래 참으심을 내 안에 먼저 나타
내심으로, 장래에 그를 믿어 영원한 생명을 얻을 자들에게 본이
되게 하셨다.
17 이제 영원한 왕이요 썩지 아니하시고, 보이지 않으시고, 지혜
로우신 한 분 하나님께 존귀와 영광이 세세토록 (있을 지어다.) 아멘

18 아들 디모데야, 내가 너에게 명령을 내린다. 전에 너를 이끌었
던 예언을 따라 그것으로 훌륭한 전투를 수행하되,
19 믿음과 선한 양심을 간직하고 싸워라. 어떤 이들은 이 양심을
거절한 후 그 믿음에 관하여 파선하였다.
20 저들 가운데 후메내오와 알렉산더가 있으니, 저들로 하여
금 비방하지 않도록 훈계하려고 내가 저들을 사탄에게 넘겨주었
다.(출교했다.)

딤전2장

1 그러므로 제일 먼저 간구와 기도와 탄원과 감사드릴 것을 권한
다. 모든 사람 곧
2 왕들과 높은 자리에 있는 모든 사람을 위하여 하라. 이는 모든
면에서 경건하고 품위 있게 조용하고 정돈된 삶을 살기 위함이
다.
3 참으로 이것이 우리 구주이신 하나님 앞에서 마땅하며 기뻐 받
으실 만한 것이니,
4 하나님은 모든 사람이 구원을 받으며 또한 참된 지식에 까지 이
르기를 원하신다.
5 하나님은 한 분이시며, 하나님과 사람들 사이의 중보자도 한분
이시니, 곧 사람이신 그리스도 예수이시다.
6 그분은 모든 사람을 위하여 자신을 대속물로 주셨고, 자신의 때
에 입증하셨다.
7 이 때문에 나는 전도자요 사도요 믿음과 진리를 전하는 이방인
의 교사로 임명받았다. 그리스도 안에서 거짓말이 아니라, 나는
진실을 말하고 있다.

8 이제 남자들은, 화를 내거나 논쟁하지 말고, 각처에서 거룩한
손을 들고 기도하기 바란다.
9 같은 방법으로 여자들도 공손함과 건전한 마음과 함께 단정한

옷차림으로 자신을 꾸미고, 땋은 머리나 금이나 진주나 값비싼
옷으로 하지 말고,
10 다만 선한 행실로 꾸미기 바란다. 이것이 하나님을 경외한다
고 공언하는 여자들에게 마땅하다.
11 여자는 일체 순종함으로 조용히 배우고,
12 여자에게 가르치는 것과 남자의 권위를 침범하는 것을 나는
결코 허락하지 않으니, 다만 조용하기를 바란다.
13 아담이 먼저 지음을 받았고 하와는 그 다음이기 때문이다.
14 또한 아담이 현혹된 것이 아니라, 여자가 현혹되어 돌아섰기
때문이다.
15 그러나 여자가 출산을 통하여 (어머니로서의 의무를 수행하며), 건
전한 마음과 함께 믿음과 사랑과 거룩함에 거한다면 구원을 얻을
것이다.

딤전3장

1 "누가 감독의 직분을 갈망한다면, 그는 선한 일을 열망한다." 이 얼마나 신실한 말씀인가!

2 그러므로 감독은 비난할 것이 없어야 하며, 한 여자의 남편이어야 하고, 절제하며, 신중하며, 단정하며, 손님을 좋아하며, 잘 가르치며,

3 술을 가까이 하지 않으며, 싸움질하지 않고, 오직 관대하며, 누구와도 다투지 않으며, 탐욕을 부리지 않으며,

4 가정을 잘 이끌며, 온갖 정중함으로 복종하는 자녀를 둔 자라야 한다.

5 자기 가정도 이끌지 못하는 자가 어찌 하나님의 교회를 돌보겠느냐?

6 새 신자는 안 된다. 교만해져서 마귀(비방자)의 정죄에 걸려들 수 있기 때문이다.

7 또한 그는 외부 사람들로부터 좋은 증거를 가지고 있어야 한다. 이는 비방을 받거나 마귀의 올무에 빠지지 않기 위함이다.

8 집사들도 같은 방법으로 품위 있고, 일구이언하지 않고, 술을 경계하며, 부끄러운 방법으로 돈을 벌지 않고,

9 믿음의 비밀과 깨끗한 양심을 가진 자라야 한다.

10 더욱이 이 사람들을 먼저 시험하라. 그 후에 흠잡을 데 없으면

집사의 일을 하게 하라.
11 여자들도 같은 방법으로 품위 있고, 비방하지 않고, 절제하며,
모든 일에 신실한 자라야 한다.
12 집사들은 한 여자의 남편이어야 하며, 자녀들과 자신의 가정
을 잘 이끌어야 한다.
13 집사의 일을 잘한 자들은 더 좋은 지위와 그리스도 예수 안에
있는 믿음과 함께 더 큰 자신감을 얻게 된다.

14 이렇게 너에게 편지를 쓰는 것은, 네게로 속히 가기를 원하나,
15 지체된다면 하나님의 집에서 어떻게 처신해야할지 너에게 알
려주기 위함이다. 이 집은 살아계신 하나님의 교회요, 진리의 터
와 기둥이니라.
16 논란의 여지없이 경건의 비밀은 위대하다. 그는(다른 사본에는 하
나님 또는 그리스도) 육신으로 나타난바 되셨고, 영으로 의롭다함을
얻으셨고, 천사들에게 보이셨고, 이방인들에게 전파되셨고, 세상
에서 믿은바 되셨고, 영광 가운데 올려 지셨다.

딤전4장

1 그러나 성령께서 분명하게 말씀하시기를 "훗날에 어떤 사람들
이 믿음에서 떠나 속이는 영과 귀신의 가르침에 전념하리라."하
셨다.
2 그들은 가면을 쓰고 거짓말하는 자들이다. 그들의 양심은 이미
마비되어,
3 '혼인을 금하고 음식을 멀리하라'고 할 것이다. 그러나 하나님
께서 창조하신 음식물은 진리를 알고 믿는 자들에게 감사함으로
그 일부를 차지하게 하셨다.
4 하나님께서 만드신 모든 것은 좋은 것이니, 감사함으로 받으면
버릴 것이 전혀 없다.
5 하나님의 말씀과 탄원을 통하여 깨끗해지기 때문이다.

6 이것을 형제들에게 전하면서 네가 이미 따르고 있는 믿음의 말
씀과 좋은 교훈으로 네가 양육 받을 때, 너는 예수 그리스도의 좋
은 일꾼이 될 것이다.
7 더욱이 너는 천박하고 어리석은 신화를 거절하고 경건함을 향
하여 훈련하라.
8 육체의 훈련은 약간의 쓸모가 있으나 경건함은 모든 면에 쓸모
가 있기 때문이다. 금생과 내세에 (하나님의) 약속을 가지고 있다.
9 (이 말씀은) 믿을 만하며 또한 모든 사람이 받아들이기에 합당한

말씀이니라.
10 "하나님은 모든 사람, 특별히 믿는 자들의 구원자시라." 이것
을 위하여 우리가 고생도 하고 비난도 당하고 있다. 이는 살아계
신 하나님께 소망을 두고 있기 때문이다.

11 너는 이것들을 명하고 가르치라.
12 아무도 너의 젊은 나이를 업신여기지 못하게 하라. 그럼에도
불구하고 말과 행실로, 사랑으로, 영으로, 순수함으로, 믿는 자들
의 본이 되라.
13 내가 갈 때까지 너는 읽는 것과 권하는 것과 가르치는 것에 전
념하라.
14 네 안에 있는 은사를 등한히 여기지 말라. 그 은사는 장로들의
모임에서 안수와 함께 예언을 통하여 받은 것이다.
15 이것들을 마음에 품고 그 안에 머물러 있어라. 그리하여 너의
발전된 모습을 모든 사람들에게 나타나게 하라.
16 네 자신과 그 가르침에 집중하라. 이 일들을 계속하라. 이것을
행함으로 네 자신과 너에게서 듣는 자들을 건져낼 것이다.

딤전5장

1 손윗사람을 책망하지 말고, 아버지께 하듯 권면하라. 젊은이들
을 형제처럼 대하라.
2 나이든 여자를 어머니처럼 대하라. 젊은 여자를 모든 면에서 깨
끗함으로 자매처럼 대하라.

3 과부를 공경하되, 진정한 과부를 공경하라.
4 그러나 어떤 과부에게 자녀나 손자들이 있다면, 그들로 하여금
먼저 자기 집에서 돌봐드리는 것과 부모에게 보답하는 것을 배우
게 하라. 이것이 하나님 앞에 선하고 받으실 만한 것이다.
5 진정 외로운 과부는 이미 하나님께 소망을 두었기에 밤낮으로
기도와 간구를 계속하나,
6 그러나 제멋대로 사는 여자는 살아있으나 죽은 것이다.
7 너는 또한 이것들을 명하여 그들로 하여금 흠잡을 것 없게 하
라.
8 누구든지 자기 친족 특히 가족을 부양하지 않는다면, 믿음을 외
면한 자요 불신자보다 더 나쁜 사람이다.

9 육십 세보다 덜되지 않고 한 남편의 아내였던 과부를 명부에
올리도록 해라.
10 자녀를 양육했는지, 대접을 잘했는지, 성도들의 발을 씻겼는

지, 환란당한 자들을 도와주었는지, 모든 선한 일에 앞장섰는지,
이런 선한 행실의 증거가 있어야 한다.
11 그러나 젊은 과부는 거절하라. 욕망을 절제하지 못할 때 그리
스도를 배반하고 결혼을 원할 것이다.
12 첫 믿음을 저버렸기에 심판을 받으리라.
13 또한 동시에 게으름을 익혀 이집 저집 돌아다니며 수다 떨고
참견하며 마땅히 하지 않아야할 말들을 하고 다닌다.
14 그런즉 대적하는 자에게 비방할 기회를 조금도 주지 않기 위하
여, 젊은 과부들은 결혼하여 아이를 낳고 가정을 돌보기 원한다.
15 벌써 사탄의 뒤를 따라 이미 돌아선 자들도 있다.
16 만일 믿는 여자에게 과부 친척이 있다면 그녀를 도와주고 교회
가 짐을 지지 않게 하라. 이는 진정한 과부를 도와주기 위함이다.

17 잘 지도한 장로들은 당연히 배나 존경받게 하라. 말씀과 가르
침으로 수고하는 자들은 최고로 존경받게 하라.
18 성경은 "곡식 떠는 소에게 망을 씌우지 말라."(신2:4) 그리고
"일꾼이 자기 삯을 받는 것이 마땅하다"(민18:31)라고 말한다.
19 장로에 대한 고소 고발은 두세 증인이 없다면 용납하지 말라.
20 죄를 범한 자들을 모든 사람 앞에서 꾸짖어 나머지 사람들이
두려움을 갖게 하라.

21 나는 하나님과 주 예수 그리스도와 그리고 택함 받은 천사들
앞에서 정식으로 명령한다. 너는 이것들을 편견 없이 지켜라. 아

무도 편애하지 말라.

22 아무에게나 급하게 안수하지 말라. 다른 사람의 죄에 동조하
지 말라. 자신을 거룩하게 유지하라.

23 더 이상 물만 마시지 말고, 너의 잦은 병치레와 위장을 위해서
포도주를 조금 사용하라.

24 어떤 사람들의 죄는 뚜렷하여 먼저 심판 앞으로 나아가고, 또
한 어떤 사람은 뒤를 따르니,
25 같은 방법으로 선한 행실도 뚜렷하게 드러나고, 다른 것들도
감출 수 없다.

딤전6장

1 종들은 멍에 아래 있는 만큼, 자신의 주인을 당연히 최대한 존귀한 자로 생각하라. 그래야 하나님의 이름과 그 가르침이 조롱받지 않는다.
2 믿는 주인 아래 있는 종들은 주인을 형제라 하여 소홀히 하지 말고 오히려 더 잘 섬기도록 하라. 믿는 자들이요 사랑받는 그들이 이 좋은 일(종을 형제라 부르는 일)에 참여하고 있기 때문이다. 너는 이것들을 가르치고 권면하라.
3 만일 누가 다른 교훈을 하거나 유익한 말 곧 우리 주 예수 그리스도의 말씀과 경건에 관한 교훈을 따르지 않는다면,
4 그는 자만심에 취하여 제 위치도 모르면서 논쟁과 말싸움에 중독된 자이니, 여기에서 질투, 분쟁, 헐뜯음, 악한 추측들,
5 끝없는 논쟁들이 나오고 이미 마음이 부패해진 자들과 진리를 빼앗긴 자들은 경건으로 돈을 얻는 것을 관례로 여긴다. (이런 자들로부터 떠나라. 다른 사본)

6 그러나 자족하는 경건(하나님에 대한 헌신)은 큰 유익이 된다.
7 우리가 아무것도 세상에 가지고 온 것이 없으니, 그렇게 아무것도 가지고 갈수 없음이 분명하다.
8 음식과 옷이 있으니 이것으로 만족하자.
9 많이 가지려는 자들은 유혹과 올무와 여러 가지 어리석고 해로

운 정욕에 빠져든다. 바로 이런 것들이 사람들을 폐허와 몰락 속
으로 가라앉게 한다.
10 돈을 사랑함이 모든 악의 뿌리이기 때문이다. 누구는 이것을
애타게 바라다가 믿음에서 벗어났고 꼬챙이가 자신의 몸을 관통
하듯 많은 고통에 시달렸다.

11 그러나 너 하나님의 사람아, 이것들을 피하고 의와 경건과 믿
음과 사랑과 인내와 온유를 뒤따르라.
12 믿음의 선한 싸움을 싸우고 영원한 생명을 취하라. 너는 이를
위하여 부름 받았고 또한 많은 증인들 앞에서 아름다운 신앙고백
을 공적으로 선포하였다.
13 만물에게 생명을 주신 하나님과 본디오 빌라도에게 아름다운
신앙고백으로 증언하신 그리스도 예수 앞에서,
14 주 우리 예수 그리스도께서 나타나실 때까지 흠 없고 책망 받
을 것 없이, 너는 이 지시사항을 지킬 것을 명령한다.
15 자신의 때에 하나님께서 그 시기를 알려주실 것이다. 하나님
은 복되신 유일한 통치자, 만왕의 왕 만주의 주이시며,
16 그분만이 죽음이 없으시고, 가까이할 수 없는 빛에 거하시고,
아무도 본 사람이 없고 볼 수도 없는 분이시다. -존귀와 능력이
그분께 영원하기를. 아멘.-

17 너는 이 시대의 부자들에게 거만하지 말 것과 믿을 수 없는
재물이 아니라 다만 우리에게 모든 것을 풍성하게 주셔서 누리게

하시는 살아계신 하나님께 소망을 둘 것과,
18 유익한 사람이 될 것과, 좋은 일을 많이 할 것과, 너그러운 자
곧 나누어주기를 좋아하는 자가 될 것을 명령하라.
19 그들 자신이 미래를 위하여 훌륭한 기반을 쌓아올림으로 (마침
내) 그들은 영원한 생명을 취할 것이다.

20 오 디모데여, 천박한 지껄임과 거짓된 지식에 대한 반론을 피
하고 이제부터 맡은 것을 잘 지켜라.
21 누구는 그것을 주장하다가 믿음에 관하여 돌아섰다. 은혜가
너와(너희와) 함께 (있을 지어다.)

디모데후서

딤후1장

1 하나님의 뜻으로 말미암아 그리스도 예수 안에 있는 생명의 약
속을 따라 예수 그리스도의 사도 된 바울이
2 사랑하는 아들 디모데에게 (편지를 보낸다.) 하나님 아버지와 그리
스도 예수 우리 주로부터 은혜와 긍휼과 평화가 (있을지어다.)

3 내가 깨끗한 양심으로 선조 때부터 섬기는 하나님께 내가 감사
하며, 밤낮으로 간구하는 가운데 너에 대하여 언급할 때마다,
4 너의 그 눈물이 생각나서, 너 보기를 간절히 원함은, 내 기쁨을
가득 채우려함이다.
5 네 속에 있는 거짓 없는 그 믿음을 떠올릴 때, 그것은 제일 먼저
네 외할머니 로이스 속에 있었고 그리고 네 어머니 유니게 속에,
또한 이제 네 속에 있다는 것을 확신하게 되었다.
6 그러므로 너를 일깨움은 나의 안수를 통하여 네 속에 있는 하나
님의 그 은사를 다시 불붙게 하려는 것이다.
7 하나님께서 우리에게 허락하신 것은 비겁한 영이 아니라, 능력
과 사랑과 절제력이니,
8 그런즉 우리 주님의 증언과 또한 주님을 위하여 죄수 된 나를
부끄러워하지 말고, 오직 하나님의 능력을 따라 복음과 함께 고
난에 동참하라.
9 하나님은 우리의 행위가 아니라, 자신의 뜻과 영원 전에 그리스

도 예수 안에서 우리에게 주신 은혜를 따라 우리를 구원하셨고,
그리고 거룩한 부르심으로 불러주셨다.
10 더욱이 이제는 우리 구주 예수 그리스도의 나타나심으로 말미
암아 명백하게 드러났으니, 참으로 죽음을 쓸모없게 하셨고 복음
을 통하여 생명과 썩지 않음을 조명해 주셨다.
11 이 복음을 위하여 나는 (이방인의, 다른 사본) 전도자와 사도와 교
사로 세움을 받았다.
12 이 때문에 내가 고난을 당하고 있음에도 불구하고 나는 부끄
러워하지 않는다. 왜냐하면 내가 신뢰한 그분을 내가 알았고, 내
게 맡겨주신 것을 그분의 날까지 그분이 지키실 것을 확신하기
때문이다.
13 너는 그리스도 예수 안에서 믿음과 사랑을 가지고 내 곁에서
들었던 유익한 말씀들을 본받아라.
14 우리 안에 거하시는 그분의 성령으로 말미암아 네게 맡긴 선
한 것을 이제부터 잘 지켜야 한다.

15 아시아에 있는 사람들 모두가 나를 거절한 일에 대하여 너도
아는 바, 그중에 부겔로와 허모게네가 있다.
16 주님께서 오네시보로의 집에 긍휼을 베푸시기 원한다. 진실로
그는 자주 나를 재충전해 주었고 내가 사슬에 매인 것을 부끄러
워하지 않았다.
17 게다가 로마에 있을 때에 부지런히 나를 찾으려 다녔고 결국
만났다.
18 주님께서 주님의 날에 그에게 긍휼을 베푸시기 원한다. 그가
에베소에서 얼마나 많이 나를 섬겼는지 너도 잘 알고 있다.

딤후2장

1 내 아들아, 그러므로 너는 그리스도 예수 안에 있는 그 은혜로
강하게 되라.
2 그리고 많은 증인들과 함께 내 곁에서 들은 이 말씀들을 신실한
사람들에게 위탁하라. 자격이 있는 자는 누구든지 다른 사람을
가르칠 것이다.
3 그런즉 너는 예수 그리스도의 훌륭한 군사처럼 고통을 인내하
라.
4 군사로 복무하는 자는 아무도 생계수단에 얽매이지 않는다. 군
사로 모집한 자를 만족시키면 된다.
5 그리고 경기에 참여한 자가 규칙대로 경기하지 않으면 면류관
을 얻지 못한다.
6 열심히 일하는 농부가 제일 먼저 그 열매를 받는 것이 마땅하
다.

7 내 말들을 심사숙고해라. 참으로 주님께서 너에게 범사에 통찰
력을 주실 것이다.

8 내가 전한 복음에 따라 다윗의 씨로 오셨고 죽은 자 가운에서
다시 살아나신 예수 그리스도를 기억하라.
9 복음 때문에 내가 범죄자처럼 사슬에 매이기까지 고통을 견디

고 있다. 그러나 하나님의 말씀은 묶이지 않았다.
10 그러므로 내가 택함 받은 자들을 위하여 모든 것을 견딤은 그
들도 영원한 영광과 함께 그리스도 예수 안에 있는 구원을 발견
하게 하려는 것이다.
11 믿을 만한 말씀이니라. "우리가 주님과 함께 죽었다면 함께 살
것이요,
12 참으면 또한 다스릴 것이요, 우리가 부인하면 주님 역시 우리
를 부인하시리라."
13 우리는 신실하지 못할지라도, 참으로 주님은 언제나 신실하시
니 스스로를 부인하실 수 없으시다.

14 이 일들을 그들로 하여금 기억나게 해라. 말다툼하지 말 것을
주님 앞에서 엄히 명하라. 그것은 아무에게도 유익이 없으며 듣
는 자들을 파괴할 뿐이다.
15 네 자신을 검증된 자 곧 진리의 말씀을 바르게 분별하는 부끄
러울 것 없는 일꾼으로 드리기를 힘쓰라.
16 더욱이 천박한 지껄임을 피하라. 그들은 점점 더 사악함으로
나아갈 것이며,
17 그들의 말은 악성종기가 퍼져나감 같으니, 후메네오와 빌레도
가 그런 사람이다.
18 진리에 관하여 그들은 빗나갔다. 부활은 벌써 끝났다고 말하
면서 어떤 사람들의 믿음을 뒤엎고 있다.
19 그럼에도 불구하고 하나님의 기초는 이미 서있으니, 거기에

는 이런 날인이 새겨져 있다. "주께서 자기에게 속한 자들을 아신
다." "그리스도의 이름을 부르는 자마다 불의에서 떠나라" (민16:5,
16:26)

20 큰 집에는 금그릇과 은그릇만 있지 않고 나무그릇도 있고 토
기도 있으며 또한 귀한 그릇도 있고 생활용 그릇도 있다.
21 그러므로 누구든지 이런 것에서 자신을 깨끗하게 하면 구별되
어 귀하게 쓰는 그릇이 될 것이며 또한 온갖 좋은 일에 예비 되어
주인에게 쓸모 있는 그릇이 될 것이다.
22 더욱이 너는 청년의 정욕을 피하고, 깨끗한 마음으로 주님을
부르는 자(간구하는 자)와 함께 의와 믿음과 사랑과 평화를 뒤따르
라.
23 어리석고 무식한 토론을 거절하라. 너도 알다시피 싸움만 일
어난다.
24 주님의 종은 마땅히 싸우지 않으며 모든 사람을 향하여 친절
하며, 잘 가르치며, 자제심을 발휘해야 한다.
25 맞서는 자들을 온유하게 훈계함으로, 하나님께서 그들에게 회
개를 주셔서 진리를 아는데 이르게 하거나,
26 또는 마귀의 올무에서 벗어나 정신을 차리고 하나님께 사로잡
혀 그분의 뜻에 이르게도 한다.

딤후3장

1 또한 너는 이것을 알아야 한다. 말세에 험한 때가 이를 것이니,
2 곧 사람들이 이기적이며, 거역하며, 은혜를 모르며, 불손하며,
3 애정이 없으며, 화해하지 않으며, 돈을 사랑하며, 허풍 떨며, 교만하며, 폭언하며, 부모를 비방하며, 행동을 조심하지 않으며, 야만적이며, 선을 좋아하지 않으며,
4 배반하며, 경솔하며, 자만하며, 하나님보다 쾌락을 더 좋아할 것이다.
5 경건(독실함)의 모양을 가지고 있으나 경건의 효력을 거부하는 자들이니, 이들에게서 돌아서라.
6 그들 중에는 가정집에 몰래 기어들어가 잡다한 욕정에 이끌려 죄가 가득한 어리석은 여자를 호리는 자들도 있다.
7 항상 배운다고 해서 참된 지식에 이를 수 있는 것은 아니다.
8 더욱이 얀네와 얌브레가 모세를 반대했던 것과 같은 방법으로 저들도 진리를 반대하고 있다. 이 사람들은 이미 마음이 썩은 자요, 믿음에 관하여 탈락한 자들이다.
9 게다가 저들은 조금도 나아가지 못하리니, 저들의 어리석음은 그 두 사람처럼 될 것이 모두에게 분명하기 때문이다.

10 너는 이미 나의 교훈과, 행실과, 의도와, 믿음과, 자제력과, 사랑과, 끈기와,

11 핍박들과, 고난들을 성실하게 따르고 있다. 안디옥과 이고니
온과 루스드라에서 그와 같은 핍박을 받았으나 주님께서 이 모든
것에서 나를 구해주셨다.
12 그리스도 예수 안에서 경건하게 사는 자마다 핍박을 받는다.
13 그러나 불량한 인간들과 사기꾼들은 더욱 악해져 속이고 속는
다.
14 이제 너는 배우고 확신한 것에 거하라. 너는 누구에게서 배웠
는지 알며,
15 사실 너는 어려서부터 성경을 알았다. 성경은 너로 하여금 능
히 지혜롭게 하여 그리스도 예수 안에 있는 믿음으로 말미암아
구원에 이르게 한다.
16 모든 성경은 하나님께 영감 받았으며 교훈과 책망과 다시 세
움과 올바른 교육을 하기에 유익하여
17 하나님의 사람으로 모든 선한 일을 하기에 적합한 채비를 갖
추게 한다.

딤후4장

1 그러므로 하나님 앞과 그리고 머지않아 그의 나라와 그의 나타
나심을 따라 산 자와 죽은 자를 심판하실 주 예수 그리스도 앞에
서 명한다.
2 너는 말씀을 선포하라. 기회가 좋든지 나쁘든지 대비하라. 범사
에 끈기와 교훈으로 잘못을 지적하고, 꾸짖고, 격려하라.
3 때가 이를 것이니 사람들이 바른 교훈으로 만족하지 않고 사욕
을 좇아 귀를 간질이는 선생들을 모아들일 것이다.
4 또한 그 귀는 진리를 거부하고 꾸며낸 이야기로 돌릴 것이다.
5 너는 모든 일에 냉철해야 한다. 어려움을 견뎌라. 전도자의 일
을 하라. 네 직분을 완수하라.

6 나는 이제 희생 제물로 드려졌으니 떠날 때가 임박했구나.
7 나는 선한 싸움을 싸웠노라. 완주했노라. 믿음을 지켰노라.
8 이후로는 의의 면류관이 나를 기다리고 있으니, 주님께서 그의
날에 내게 주실 것이다. 내게만이 아니라 주님의 나타나심을 소
중히 여기는 모든 자들에게도 주시리라.

9 너는 서둘러 내게로 오너라.
10 데마는 세상을 사랑하여 나를 남겨놓고 데살로니가로 갔고,
그레스게는 갈라디아로, 디도는 달마디아로,

11 누가만 나와 함께 있구나. 마가도 함께 승선해서 오너라. 그가
내 일에 유익하기 때문이다.
12 두기고는 내가 에베소로 보냈다.
13 오면서 내가 드로아에 있는 가보의 집에 두고 온 외투와 그리
고 특별히 양피지 두루마리 책을 가지고 오너라.
14 세공업자 알렉산더가 내게 못된 짓을 많이 했으니, 주님께서
그가 행한 대로 되돌려 주시기를 바란다.
15 너 역시 그를 조심해라. 우리의 말에 심하게 반대했다.

16 내가 처음으로 (법정에서) 변론할 때 나와 함께한 자가 아무도
없었고, 오히려 모두 나를 저버렸으나, 저들에게 계산하지 않겠노
라.
17 그러나 나를 통하여 복음전파가 결실을 맺고 그리고 모든 이
방인들이 들을 수 있게 하시려고, 주님께서 내 곁에서 나를 강하
게 하셨다. 역시 나를 사자의 입에서 건지셨다.
18 또한 주님께서 모든 악한 일에서 나를 건지시고 그의 하늘 왕
국에 이르기 까지 구원하시리니, 그분에게 영광이 영원무궁(할지
어다.) 아멘

19 브리스가와 아굴라와 오네시보로의 집에 문안하라
20 에라스도는 고린도에 머물러 있으나, 드로비모는 병이 들어
밀레도에 남겨두었다.

21 너는 폭풍우 전에 서둘러 오너라. 유불로와 부데와 리노와 글
라우디아와 모든 형제들이 너에게 문안한다.

22 주 예수 그리스도께서 네 영과 함께 (있을 지어다.) 은혜가 너희
와 함께 (있을 지어다.) (아멘.)

디도서

디도1장

1 하나님의 종이요 또한 예수 그리스도의 사도인 바울은 하나님
의 선택된 자들의 믿음과 그리고 영생의 소망과 더불어 경건에
속한 참된 지식을 위하여 사도가 되었으니,
2 이 영생은 영원한 때 이전에 거짓 없으신 하나님께서 약속하신
것으로,
3 하나님께서 자신의 때에 자신의 말씀을 복음 선포를 통하여 나
타내셨고, 이 복음 선포는 우리 구주 하나님의 명령대로 내게 맡
겨진 것이라.
4 이에 같은 믿음을 따라 아들 된 디도에게 (편지를 보낸다.) 하나님
아버지와 우리 구주 예수 그리스도로부터 은혜와 긍휼과 평화가
(있을 지어다.)

5 내가 너를 그레데에 남겨둔 이유는 부족한 일들을 네가 바로잡고
그리고 도시마다 내가 너에게 명한대로 장로들을 세우려 함이니,
6 누구든지 그는 흠잡을 데 없어야 한다. 한 여자의 남편이어야
하며, 자녀들은 방탕하거나 혹은 다루기 힘들다는 고발이 없는
믿는 자녀야 한다.
7 그리고 감독은 반드시 하나님의 청지기인 만큼 흠 잡을 데 없으
며, 자기 잇속만 차리지 않으며, 성급하지 않으며, 술을 가까이 하지
않으며, 싸움질하지 않으며, 부끄러운 방법으로 돈을 벌지 않으며,

8 오직 손님을 좋아하고, 선행을 좋아하고, 신중하며, 성결하며,
절제하며,
9 신실한 말씀의 교훈대로 지켜야 한다. 그래야 바른 교훈으로 권
면할 수 있고 또한 반박하는 자들을 책망할 수 있다.

10 한편 다루기 힘든 자들과, 떠버리들 사기꾼들이 많이 있는데
특별히 할례파 출신들에게 많다.
11 저들은 더러운 이익을 위해 필요 없는 것들을 가르치면서 온
가정들을 뒤엎어 버리는 만큼 반드시 저들의 입을 막아야 한다.
12 그레데 출신 가운데 누가 말하기를 자신들의 시인 하나가 "그
레데인들은 영원한 거짓말쟁이요 악한 짐승이요 배가 산만한 게
으름뱅이라." 했으니
13 맞는 말이다. 그러므로 저들을 준엄하게 책망하라. 이는 저들
로 하여금 믿음 안에서 건강하게 하고,
14 유대인들의 황당한 이야기와, 그리고 진리를 잘못 인도하는
누군가의 명령에 관심을 두지 않게 하려는 것이다.
15 깨끗한 자에게는 진실로 모든 것이 깨끗하나, 더러워진 자들
과 믿지 않는 자들은 깨끗한 것이 전혀 없고, 사실 저들의 마음과
양심도 더러워졌다.
16 저들은 하나님을 안다고 하나, 행위로는 인정하지 않으니, 가
증스러운 자들이요, 불순종하는 자들이요, 모든 선한 일에 자격이
없는 자들이다.

디도2장

1 이제 너는 바른 교훈에 합당한 것들을 말하라.
2 나이든 남자들에게 술에 중독되지 않으며, 품위 있고, 신중하
며, 믿음과 사랑과 인내로 바르게 (처신하도록 권면)하라.
3 나이든 여자들도 그와 같이 행실이 존경받을 만하며, 비방하지
않으며, 많은 술의 노예가 되지 않으며, 좋은 것을 가르치는 자가
되게 하라.
4 그래야 젊은 여자들에게 자기의 남편을 사랑하고, 자녀를 사랑
하고,
5 신중하며, 정결하며, 집안을 돌보며, 선하며, 남편에게 복종하
라고 지시할 수 있다. 이는 하나님의 말씀이 조롱당하지 않게 하
려는 것이다.
6 너는 그와 같이 젊은 남자들에게 신중할 것을 권면하라.
7 모든 면에서 네 자신이 선한 일의 본을 보이되, 가르침과 함께
고귀함과 품위가 있어야 하며,
8 책망 받을 것 없는 건전한 말을 해야 한다. 너희에 대하여 저급
하다는 말이 없어야 대적하는 자가 부끄러워할 것이다.
9 종들은 자기 주인에게 범사에 순종할 것과, 주인을 기쁘게 할
것과, 말대꾸하지 말고,
10 빼돌리지 말고, 오직 충성을 다하여 유익함을 나타내게 하라.
이는 너희 구주이신 하나님의 가르침을 모든 면에서 보기 좋게

하려는 것이다.

11 모든 사람에게 구원을 주시는 하나님의 은혜가 나타나
12 우리를 가르치신 결과 우리는 이 세상에서 사려 깊게 의롭게
경건하게 살려고, 경건하지 않음과 세상의 정욕을 버리고 나서,
13 복된 소망과 또한 우리 구주 예수 그리스도와 크신 하나님의
영광의 출현을 기다리고 있으니,
14 그는 모든 불법으로부터 우리를 속량(대가를 지불하다.)하시려고
또한 특별히 선한 일에 열정적인 자신의 백성을 깨끗하게 하시려
고 우리를 대신하여 자신을 주셨다.

15 너는 이것을 말하고, 권면하고, 모든 권위로 책망하여, 아무도
너를 경멸하지 못하게 하라.

디도3장

1 너는 그들로 하여금 통치자들과 관리들에게 복종하며 순응하
고, 모든 선한 일에 대비하도록 기억하게 하라.
2 아무도 헐뜯지 말고, 싸우지 말고, 관대하며, 모든 사람에게 언
제나 온유함을 나타내게 하라.

3 이전에 우리 또한 미련한 자요, 반항하는 자요, 방황하는 자요,
정욕과 잡다한 향락에 종노릇하던 자요, 원한과 질투로 지내던
자요, 혐오스러운 자요, 서로 미워하는 자였다.
4 그러나 우리 구주 하나님의 그 너그러움과 친절함이 나타난 그
때에,
5 우리가 행한 의로운 행위들이 아니라 오직 하나님의 긍휼하심
을 따라 다시 태어남의 씻음(침례)과 성령의 새롭게 하심을 통하
여 우리를 구원하셨고,
6 우리 구주 예수 그리스도를 통하여 우리에게 성령을 풍성하게
쏟아 부어주셨으니,
7 이는 그의 은혜로 인하여 우리가 의롭다함을 얻고서 영생의 소
망을 따라 우리로 하여금 상속자가 되게 하려는 것이다.

8 이 얼마나 신실한 말씀인가! 또한 나는 네가 이 말씀들에 대하
여 강조하기를 원한다. 이는 하나님을 믿는 자들로 하여금 앞장

서서 선한 일에 전념케 하려는 것이다. 이런 일들은 사람들에게 선하며 유익하다.
9 그러나 어리석은 토론과 족보와 다툼과 율법에 대한 격렬한 논쟁을 피하라. 그것은 무익하고 헛될 뿐이다.
10 자신만 내세우는(분파적인) 사람을 한두 번 경고한 후에 거절하라.
11 너도 알다시피 이런 자들은 길에서 벗어나 스스로를 정죄하면서도 죄를 짓는다.

12 **내**가 아데마나 혹은 두기고를 네게 보내면 너는 언제든지 니고볼리까지 내게로 서둘러 오너라.
13 율법사 제나와 그리고 아볼로에게 부족함이 없도록 공급하여 그들로 하여금 길을 서두르게 하라.
14 더욱이 우리 사람들도 필요한 사업을 위하여 좋은 일에 앞장서는 것을 배우게 하라. 그래야 열매 없는 자가 되지 않는다.

15 **나**와 함께 있는 모든 자들이 네게 문안하니, 너도 믿음 안에서 우리를 사랑하는 자들에게 문안하라. 은혜가 너희 모두에게 있을지어다. 아멘.

(그레데 교회의 첫 번째 감독으로 임명된 디도에게. 마케도니아의 니고볼리에서 쓰여짐)

빌레몬서

몬1장

1 그리스도 예수의 죄수 된 바울과 그리고 형제 디모데가 사랑
하는 동역자 빌레몬에게,
2 그리고 사랑하는 자매 압비아와, 우리와 함께 군사 된 아킵보
와, 또한 자네 집에 있는 교회에게 (보내는 편지일세.)
3 우리 아버지 하나님과 주 예수 그리스도로부터 은혜와 평화가
너희에게 (있을 지어다.)

4 내가 기도하는 가운데 항상 자네를 언급하며 내 하나님께 감사
함은,
5 자네가 간직하고 있는 주 예수를 향한 그리고 모든 성도들을 위
한 그 사랑과 믿음에 관하여 내가 듣고서,
6 어떠하든지 자네의 활동적인 믿음의 교제가 우리(너희) 가운데
있는 모든 선한 지식과 함께 그리스도에게 까지 이르게 하려는
것이라네.
7 형제여, 우리는 자네의 사랑으로 인하여 많은 위로와 기쁨을 누
리고 있으니, 이는 자네로 인하여 성도들의 심장이 활기를 얻었
기 때문일세.

8 이런 이유로 그리스도 안에서 당연한 일을 자네에게 명령할 담
대함이 내게 있으나,

9 사랑으로 인하여 자네에게 요청하는바, 이렇게 나이 많고 더구
나 지금은 예수 그리스도의 죄수가 된 나 바울은
10 사슬에 묶여있는 동안 거듭난 내 아들 오네시모(유익한 자)를
위하여 자네에게 부탁하네.
11 그가 전에는 자네에게 무익하였으나, 지금은 자네와 나에게
유익하여
12 내가 그를 자네에게 돌려보냈으니, 말하자면 그는 내 심장일
세, 자네는 받아들이게나.
13 복음 때문에 사슬에 매여 있는 동안 그로 하여금 나와 함께 머
물게 하여 자네를 대신해서 나를 섬기게 하려는 뜻도 있으나,
14 자네의 동의 없이는 아무것도 하지 않을 것일세. 이는 자네의
선한 일이 어쩔 수 없는 방식이 아니라 오직 자발적이기를 바라
기 때문일세.
15 그러므로 자네가 잠시 그와 헤어진 것은 어쩌면 그를 영원히
돌려받으려는 것일 수도 있는 것일세.
16 그러나 그를 더 이상 노예가 아니라 노예를 넘어 사랑하는 형
제로 받게나. 이것은 내게도 특별한 일인데 하물며 인간적으로
또한 실제 주인으로써 자네에게는 더욱 그렇지 않겠는가.

17 그런즉 자네가 나를 동역자로 생각한다면, 나를 영접한다는
생각으로 그를 용납하게나.
18 만일 그가 자네에게 잘못을 저질렀거나 빚진 것이 있다면 내
앞으로 달아놓으시게.

19 나 바울이 직접 서명했으니 내가 지불하겠네. 그렇지만 그대
또한 나에게 빚이 있다는 것은 내가 말하지 않겠네.
20 오 형제여, 나는 주 안에서 자네의 유익(오나이멘 -오네시모와 발음
이 비슷한 언어유희)을 얻고 싶다네. 그리스도 안에서 내 심장을 다시
뛰게 해 주시게.

21 나는 자네의 순종을 확신하고 이 편지를 썼으니, 내가 말한 것
보다 더 뛰어나게 행할 줄로 알겠네.
22 또한 너희의 기도를 통하여 내가 너희에게 넘겨지게(석방) 될
것이니, 동시에 내가 머물 사랑방을 예비해 주기 바라네.

23 그리스도 예수 안에서 나의 동료요 죄수된 에바브라가 자네
에게 문안하고,

24 나의 동역자 마가와 아리스다고와 데마와 누가도 문안한다
네.

25 주 우리 예수 그리스도의 은혜가 너희 영과 함께 있을 지어
다. (아멘.)

히브리서

히1장

1 예전에는 여러 조각으로 그리고 여러 방법으로 하나님께서 선
지자를 통하여 조상들에게 말씀하셨고,
2 이 마지막 세대에는 아들을 통하여 우리에게 말씀하셨습니다.
하나님께서는 이 아들을 만유의 기업 무를 자(상속자)로 세우셨고,
또한 그를 통하여 이 세상을 지으셨습니다.
3 이 아들은 하나님의 영광의 광채요 그분의 실체(존재가 가지고 있
는 특성)의 진정한 표상입니다. 그의 능력의 말씀으로 만물을 지탱
하시며, 자신을 통하여 우리의 죄를 정결케 하셨고, 높은 곳에 계
신 통치자 우편에 앉으셨으며,
4 천사보다 더할 나위 없이 뛰어나 천사를 능가하는 이름을 이미
상속받았습니다.

5 진실로 이전에 천사들 중 누구에게라도 "너는 내 아들이다, 내
가 오늘 너를 낳았다"라고 언급했습니까?(시2:7) 그리고 "나는 그
에게 아버지가 되고, 그는 나에게 아들이 될 것이다"라고 언급한
적이 한 번이라도 있습니까? (삼하7:14)
6 더욱이 새롭게 세상으로 맏아들을 데려오실 때 "하나님의 모든
천사는 그의 손에 입맞춤으로 경의를 표하라"고 말씀하십니다.
(시2:12)
7 그리고 심지어 천사들을 향하여 "그분은 자신의 천사들을 바람

으로, 자신의 일꾼들을 불꽃으로 역사하신다."라고 말씀하십니
다. (시104:4)
8 그러나 아들을 향하여는 "오 하나님, 주의 보좌는 영원하며, 그
의 왕국의 홀은 올곧은 홀입니다."
9 "네가 의를 사랑하고 불법을 미워하였으므로 하나님 곧 네 하
나님께서 네 친구들 보다 더 뛰어난 기쁨의 기름을 네게 부으셨
다."라고 하십니다. (시45:6,7)
10 그리고 "주여! 주께서 태초에 땅의 기초를 세우셨으며, 하늘도
주의 손으로 만드셨습니다."라고 하십니다. (시102:25-27)
11 "주는 영존하시나 그것들은 완전히 파괴되며, 또한 옷처럼 소
멸할 것이라."
12 "그리고 마치 휘장처럼 그것들은 접힐 것이며, 또한 변할 것이
라. 그러나 주는 동일하시며, 그의 년 수는 끝남이 없느니라."고
하십니다.
13 더욱이 천사 중 누구에게 언제 "원수들을 네 발등상으로 내려
앉힐 때까지 내 오른편에 앉으라."고 언급하셨습니까? (시110:1)
14 모든 천사들은 머지않아 구원의 상속자가 될 자들을 위하여
섬기라고 보냄을 받은 봉사하는 영이 아닙니까?

히2장

1 그러므로 우리는 떠내려가지 않도록, 들은 것들을 (방심하지
않고) 훨씬 더 경계해야 합니다.
2 실로 천사들을 통하여 하신 말씀이 견고하게 되었다면, 한편 모
든 범죄와 불순종이 정당한 징벌을 받았다면
3 이처럼 위대한 구원을 우리가 주목하지 않고 어떻게 외면할 수
있겠습니까? 이 구원은 주님께로부터 제일 먼저 받은 자들이 또
한 우리에게 확증해 주었습니다.
4 하나님의 이적들과 경이로운 일들 그리고 여러 가지 능력과 하
나님의 뜻에 따라 나눠주신 성령의 선물들이 함께 이것을 증거하
고 있습니다.

5 물론 하나님께서는 우리가 말하는 미래의 세상을 천사들의 지
배하에 두지 않았습니다.
6 어딘가에 누가 증거 하여 말하기를, "사람이 무엇이기에 주께서
그를 기억하시며, 인자가 무엇이기에 주께서 그를 방문하시나이
까?"(시8:4-6)
7 "주께서 그를 잠시 천사들보다 낮아지게 하셨으나, 그에게 영광
과 존귀의 면류관을 씌우셨고 주의 손으로 행하신 모든 것 위에
그를 세우셨으며,"
8 "만물을 그의 발아래 복종케 하셨나이다."라고 했습니다. 진실

로 만물을 그에게 복종케 하시는 동안에는 그에게 불순종하는 것
이 하나도 없었으나, 지금 만물이 그에게 복종하는 것을 우리가
아직 보지 못하고 있습니다.
9 오히려 우리는 잠시 천사들보다 낮아짐을 당한 예수를 보고 있
습니다. 그는 죽음의 고통을 통하여 영광과 존귀의 면류관을 쓰
셨습니다. 이는 어떠하든지 하나님의 은혜로 인하여 모든 사람을
대신하여 죽음을 경험하려는 것입니다.

10 이제 많은 아들을 영광으로 인도하기 위하여 저들의 구원자
이신 지휘관을 고난을 통하여 온전케 하심은 만물을 지으시고 또
한 만물을 유지하시는 하나님에게는 합당한 일입니다.
11 진실로 거룩하게 하시는 분과 거룩함을 입은 자들이 모두 한
분에게서 나왔기 때문에 그는 그들을 형제로 부르는 것을 자랑하
시면서
12 "내가 주의 이름을 내 형제들에게 선포하며, 교회 가운데서 주
를 찬송할 것이라" 고 말씀하셨고, (시22:22)
13 다시 한 번 "내가 주를 의지할 것이라"하셨으며, 또 다시 "보라
나와 하나님께서 내게 주신 자녀들"이라 하셨습니다. (사8:17,18)
14 그런즉 자녀들은 한 혈통이기 때문에 구원자 역시 우리와 동
일한 피와 살을 나누었습니다. 이는 죽음을 통하여 죽음의 권세
를 붙잡고 있는 자 즉 마귀를 소멸시키며,
15 또한 평생토록 죽음을 무서워하며 종노릇하는 자들을 해방시
키려는 것입니다.

2:16 이는 진실로 천사들을 붙잡아주려는 것이 아니라 아브라함
의 자손들을 붙잡아주려는 것입니다.
17 때문에 모든 일에 형제들과 같이 되심이 당연합니다. 이는 하
나님 앞에서 자비롭고 신실한 대제사장이 되어 백성의 죄를 속죄
하기 위함입니다.
18 그는 자신도 시험을 받아 고난을 당하셨기 때문에 그것으로
시험당하는 자들을 능히 도우 실 수 있습니다.

히3장

1 따라서 하늘의 부르심에 동참한 거룩한 형제들이여, 보내심을
받은 자요 대제사장이신, 우리가 공적으로 선포하는 그리스도 예
수를 심사숙고하십시오.
2 그는 모세가 하나님의 온 집에 한 것처럼 자신을 세우신 하나님
에게 신실한 분입니다.
3 집보다 집을 지은 자가 더 존경받는다는 점을 고려해 본다면 그
는 마땅히 모세보다 더 많은 영광을 받으셔야 합니다.
4 실로 집은 누군가에 의해서 지어집니다. 그러나 만물을 지으신
분은 하나님이십니다.
5 모세는 장차 말씀하실 것들을 확증하기 위하여 하나님의 온 집
에서 종으로 신실하였으나
6 그리스도는 자신의 집에서 아들로서 신실했습니다. 그 소망에
대하여 담대히 말하며 자랑하면서 끝까지 확고하게 간직한다면
우리는 그의 집입니다,

7 그러므로 성령께서 언급하신 것처럼 "오늘 만일 너희가 그의
음성을 듣는다면
8 광야에서 날마다 시험받는 가운데 진노케 하던 때와 같이 고집
부리지 말라.
9 너희 조상들은 거기에서 나를 시험함으로 나를 부추겼고, 사십

년 동안 내가 행한 일들을 눈여겨보았다.
10 그러므로 그 세대에게 분노하여 말하기를 그들의 마음이 항상
길에서 벗어나 있어 그들은 내 길을 알지 못한다 하였고
11 내가 화가 나서 맹세하기를 그들은 내 안식처로 들어오지 못
할 것이라" 하셨습니다.(시95:7-11)

12 형제들이여, 여러분들 가운데 어느 누구도 믿음 없는 악한 마
음으로 살아계신 하나님에게서 떠나는 일이 없도록 주의하십시오.
13 반면에 날마다 오늘이라고 일컫는 동안에 서로서로 강권하여
여러분 가운데 누구도 죄의 유혹으로 인하여 고집불통이 되지 않
도록 하십시오.
14 이제 우리가 처음 약속을 끝까지 확고하게 간직한다면 그리스
도의 동반자가 될 것입니다.
15 성경에 "만일 너희가 오늘 그의 음성을 듣는다면 진노케 하던
때와 같이 고집부리지 말라"고 말씀하셨습니다.
16 실로 듣고서 격노케 하던 자들이 누구입니까? 모세를 따라 애
굽에서 나온 전부가 아닙니까?
17 사십년 동안 하나님께서 누구에게 진노하셨습니까? 죄를 범
한 자들 즉 광야에서 쓰러져 시체가 된 자들 아닙니까?
18 게다가 자신의 안식처에 들어오지 못한다고 누구에게 맹세하
셨습니까? 불순종하던 자들이 아닙니까?
19 그러므로 저들은 믿음 없음 때문에 능히 들어갈 수 없었습니
다.

히4장

1 그런즉 하나님의 안식처에 들어갈 약속이 우리에게 아직 남아
있을 지라도 여러분 가운데 누구는 놓치지 않을까 우리는 염려하
지 맙시다.
2 저들과 같이 우리 역시 복음을 전해 들었습니다만 들은 말씀이
저들에게 유익하지 못했던 것은 듣는 자들에게 믿음의 일치가 없
었기 때문입니다.
3 그러나 믿는 우리들은 그 안식처에 들어갑니다. 언급된 대로,
“내가 화가 나서 내 안식처에 들어오지 못하리라”고 하셨으나, 이
일은 세상의 기초가 설립될 때부터 이루어졌습니다.
4 참으로 제 칠일에 관하여는 어디엔가 이렇게 언급했습니다. 즉
하나님은 제 칠일에 자신의 모든 일을 멈추셨다고 했습니다.(창2:2)
5 그리고 그곳에서 다시 한 번 “그들이 내 안식처에 들어오지 못
할 것이라” 했습니다.(시95:11)
6 따라서 안식처에 들어갈 자들이 남아있고 그리고 전에 복음을
전해들은 자들이 불순종으로 인하여 들어가지 못했기 때문에
7 오랜 시간이 지난 후 하나님께서 다윗 시대에 다시 한 번 한 날
을 “오늘”이라 지정하시면서 “오늘 너희가 그의 음성을 듣는다면
진노케 하던 때와 같이 고집부리지 말라”고 하셨습니다. (시95:7,8)
8 참으로 여호수아가 저들에게 안식을 주었더라면 그 후에 다른
날에 관하여 말씀하지 않았을 것입니다.

9 그러므로 하나님의 백성에게는 (아직) 안식이 남아있습니다.
10 물론 하나님의 안식처에 들어간 자는 하나님께서 자신의 일에서
떠나 쉬시는 것처럼 그 역시 쉬게 됩니다.
11 따라서 우리는 그 안식처에 들어가기를 힘써야 합니다. 이는 누
구든지 불순종의 본에 빠지는 그런 일이 없게 하려는 것입니다.

12 진실로 하나님의 말씀은 살아있습니다. 그래서 양날을 가진
단검보다 더 효과적이며 날카로워 영과 혼과 그리고 관절과 골수
를 관통하여 산산조각 내며 또한 마음의 깊은 생각과 의도를 충
분히 구별해 냅니다.
13 또한 하나님 앞에서 숨을 수 있는 피조물은 없습니다. 게다가
만물은 벌거벗은 채로 그분의 눈에 이미 꼼짝 없이 드러나 있습
니다. 우리는 그분과 함께 결산해야 합니다.

14 그러나 우리에게는 하늘로 오르신 위대한 대제사장이 계십니
다. 그는 하나님의 아들 예수입니다. 이 고백을 굳게 간직하시기
바랍니다.
15 참으로 우리의 대제사장은 우리의 나약함을 동정하지 않는 분
이 아닙니다. 더욱이 모든 일에 우리와 똑 같은 시험을 받으셨으
나 죄는 없으십니다.
16 그런즉 우리는 은혜의 보좌로 담대히 나아갑시다. 이는 긍휼
함을 받기 위함이며 필요한 때에 돕는 은혜를 발견하기 위함입
니다.

히5장

1 사람들 중에서 선택된 모든 대제사장은 사람들을 위하여 하나
님에게 속한 일을 하도록 임명 받습니다. 이는 예물과, 죄를 위한
희생제물을 드리게 하려는 것입니다.
2 그가 무지한 자들과 길에서 벗어난 자들을 너그럽게 대할 수 있
는 것은 자신도 연약함에 둘러싸여 있기 때문입니다.
3 이러므로 대제사장은 마땅히 백성을 위함과 같이 또한 그렇게
자신의 죄를 위해서도 (희생제물을) 바쳐야만 합니다.
4 그런데 이 존귀한 직책은 사람이 스스로 취하는 것이 아니라 오
직 아론과 같이 하나님의 부르심을 받은 자라야 합니다.

5 이런 방법으로 그리스도께서 대제사장 되심 역시 스스로를 높
인 것이 아니라, 다만 "너는 내 아들이라 오늘날 내가 너를 낳았
느니라."고 말씀하신 분께서 영광스럽게 하신 것입니다.
6 또한 다른 곳에서 말씀하시기를 "너는 멜기세덱의 서열을 따라
영원한 제사장이라."고 하신 것과 같습니다.
7 그는 육신으로 계실 때 죽음에서 능히 자신을 구원하실 분을 향
하여 강한 부르짖음과 눈물로 간구와 애원을 드렸고, 경외함으로
응답을 받았습니다.
8 그는 아들임에도 불구하고 고난 받는 일로 순종을 배웠습니다.
9 그리고 완벽하게 성취하셨기 때문에 자기에게 순종하는 모든

자들에게 영원한 구원을 위한 근거가 되셨고,
10 멜기세덱의 서열을 따라 하나님께로부터 대제사장으로 지명을 받았습니다.

11 멜기세덱에 관하여 우리가 할 말이 많으나 여러분이 듣는 것에 둔해 졌기 때문에 말로는 설명하기가 어렵습니다.
12 또한 때가 되어 지금은 여러분이 가르치고 있어야 마땅한데, 여러분은 다시 하나님 말씀의 기초를 누군가에게 배워야 하고 또한 딱딱한 음식이 아니라 젖을 먹어야 할 필요가 있습니다.
13 참으로 의롭다함이라는 주제에 익숙하지 않은 자는 모두 젖을 먹는 자요, 때문에 그는 미성숙한 그리스도인입니다.
14 그러나 장성한 자는 딱딱한 음식을 먹습니다. 그들은 선과 악 양쪽 모두를 분별하기 위하여 성숙한 통찰력으로 훈련받은 자들입니다.

히6장

1 그러므로 우리는 그리스도에 관한 기초적인 주제를 남겨두고
온전함(정상)을 향하여 옮겨갑시다. 죽은 행실로부터 돌아서는 회
개와, 하나님을 향한 믿음과,
2 정결예식에 관한 교훈과, 안수례와, 죽은 자의 부활과, 그리고
영원한 심판이라는 기초를 내려놓고 다시 쌓지 맙시다.
3 그리고 하나님께서 허락하신다면 우리는 이것을 완수할 것입
니다.

4 참으로 한차례 빛을 받은 자들 곧 하늘의 은사를 경험하거나
성령의 동반자가 된 자들이
5 선한 하나님의 특별한 말씀과 장차 다가오는 세대의 능력을 경
험하고서
6 타락한 후에는, 회개를 목적으로 다시 새롭게 한다는 것은 불
가능합니다. 그들 스스로 하나님의 아들을 다시 십자가에 매다는
것이요 공개적으로 욕보이는 것입니다.
7 참으로 자주 내리는 소낙비를 흡수하는 땅은 소낙비와 가꾸는
자들을 통하여 저들에게 적당한 목초를 낼 때 하나님의 축복에
참여합니다.
8 그러나 쓸모없는 가시와 찌르는 엉겅퀴를 내면 저주가 다가오
고 결국 불사름 밖에 없습니다.

9 사랑하는 자들이여, 비록 우리가 이렇게 말할 지라도, 여러분
은 구원의 더 좋은 것들을 소유하고 있음을 우리는 확신합니다.
10 하나님은 그분의 이름을 위하여 여러분이 보여준, 즉 성도들
을 섬겨왔고 지금도 섬기고 있는 여러분의 노고와 사랑의 수고를
못 본 체하는 의롭지 못한 분이 결코 아닙니다.
11 더욱이 여러분 각자가 끝까지 소망의 확실함을 향하여 바로
그와 같은 열심을 나타내기를 우리는 열망하고 있습니다.
12 이는 여러분으로 하여금 뒤처지지 않고 믿음과 인내를 통하여
약속의 상속자들을 본받게 하려는 것입니다.

13 하나님은 아브라함과 약속을 맺으면서 더 위대한 이름이 없
었기 때문에 홀로 맹세하셨습니다.
14 말씀하시기를 "네게 확실히 복을 주고 번성케 하리라" 하셨습
니다.(창22:17)
15 그리고 아브라함은 그렇게 인내하였고 그 약속을 얻는 데 성
공했습니다.
16 강조하거니와 사람들은 자기보다 더 위대한 이름으로 맹세합
니다. 그리고 그 맹세는 저들의 논쟁에 있어서 최후의 보증이 됩
니다.
17 하나님은 그 약속의 불변함을 상속자들에게 훨씬 더 풍부하게
나타내 보이시려고 맹세로써 그분의 의지를 확증하셨습니다.
18 이는, 하나님은 거짓말을 하실 수 없기 때문에, 변하지 않는 두
가지 사실을(복을 주고 번성케 하리라) 통하여 우리 앞에 놓여있는 소

망을 굳게 붙잡기 위하여 멀리 피신한 우리로 하여금 큰 위로를
소유케 하려는 것입니다.
19 우리가 소유한 영혼의 닻과 같은 이 소망은 안전하고 확고하
여 휘장 깊은 곳 까지(지성소) 들어갑니다.
20 그래서 예수님은 멜기세덱의 서열을 따라 영원한 대제사장이
되어 우리를 위한 선두주자로서 그리로(지성소) 들어가셨습니다.

히7장

1 살렘 왕이요 가장 높으신 하나님의 제사장인 이 멜기세덱은 왕
들을 도륙하고 돌아오는 아브라함을 만나서 그를 축복했습니다.
2 아브라함은 모든 것의 십분의 일을 그에게 나누었습니다. 그 이
름을 번역하면 첫째 의의 왕이요, 그 다음은 살렘 왕 즉 평화의 왕
입니다.
3 그는 아버지도 없고 어머니도 없고, 족보도 없고, 시작한 날도
없고 생명의 끝도 없어 하나님의 아들과 유사하여 계속해서 제사
장으로 머물러 있습니다.

4 이 사람이 얼마나 위대한지 생각해 보십시오. 족장 아브라함도
그에게 전리품 중에서 십일조를 드렸습니다.
5 그리고 사실 레위의 아들들 가운데 제사장직을 받은 자들은, 아
브라함의 허리에서 나온, 말하자면 자기 형제들인데 그럼에도 그
백성에게서 십일조를 거두라는 계명을 받았습니다.
6 그러나 레위 족보와 관계없는 멜기세덱은 아브라함에게서 십
일조를 받았고, (하나님으로부터) 약속을 받은 아브라함을 축복했습
니다.
7 모든 논쟁을 떠나 낮은 자가 높은 자에게 축복을 받습니다.
8 그리고 여기는 죽을 자들(레위지파)이 십일조를 받은 반면 거기
는 그가 살아있다는 증거를 얻은 자(멜기세댁)가 받았습니다.

9 그리하여 이를테면 십일조를 받는 레위 까지도 아브라함을 통
하여 십일조를 드렸다고 할 수 있습니다.
10 물론 아브라함이 멜기세덱을 만났을 때 레위는 아직 조상의
허리 속에 있었습니다.

11 그러므로 레위계통을 통한 제사장 직이 완벽했다면 (사실 그 백
성은 레위 아래서 율법을 받았습니다.) 아론의 서열이 아닌 멜기세덱의
서열을 따라 다른 제사장을 세울 어떤 필요가 더 있었겠습니까?
12 제사장 직이 변하면 또한 율법도 반드시 바뀌게 됩니다.
13 사실 이것은 다른 지파에 속한 자에 관하여 말하는 것으로써
그 지파에서 제단에 종사했던 사람은 전혀 없습니다.
14 우리 주님은 유다지파 출신이 분명합니다. 이 지파에는 모세
가 말한 제사장직과 관계된 자가 전혀 없습니다.
15 그런데 멜기세덱과 유사한 다른 제사장이 일어났으니 이제 더
더욱 그것은 분명합니다.
16 그는(예수) 육체의 규정에 관한 율법이 아니라 다만 무궁한 생
명의 능력을 따라 (제사장이) 되었습니다.
17 하나님께서 증언하시기를 "너는 멜기세덱의 서열을 따라 영원
한 제사장이라" 하셨기 때문입니다.
18 그렇다면 이제는 앞선 규정이 폐기되어야 합니다. 무력하고
쓸모없기 때문입니다.
19 율법은 어느 것도 온전케 하지 못했기 때문에 다음에는 더 좋
은 소망이 들어왔고 우리는 이것을 통하여 하나님께 가까이 나아

갑니다.

20 그는(예수) 맹세가 없지 않았다는 점을 고려해 보면, 저들은 사
실 맹세 없이 제사장이 되었으나
21 그러나 예수는 자신에게 말씀하신 분으로 인하여 맹세로 되었
습니다. "주께서 맹세하셨고, 후회하지 않을 것이니, 너는 멜기세
덱의 서열을 따라 영원한 제사장이라"하셨습니다.
22 이와 같이 예수는 더 좋은 언약의 보증이 되셨습니다.

7:23 사실 많은 사람이 제사장이 된 것은 죽음으로 인하여 계속
할 수 없기 때문입니다.
24 그러나 예수는 계속 머물러 계시므로 계승자 없이 영원토록
제사장직을 유지하고 계십니다.
25 그 결과로 또한 자신을 통하여 하나님께로 가까이 오는 자들
을 온전하게 구원하실 수 있습니다. 그는 언제나 살아계셔서 저
들을 위하여 간구하십니다.

26 그러므로 이런 대제사장이야말로 우리에게 어울립니다. 그는
거룩하고 흠이 없고 순수하고 죄인들에게서 떠나있고 그리고 하
늘보다 높이 되셨습니다.
27 제사장들은 먼저 자신의 죄를 위하여 그리고 다음으로 백성을
위하여 희생제물을 바칩니다. 그러나 그에게는 제사장들처럼 날
마다 바칠 필요가 없습니다. 자기 자신을 제물로 들어 올려 단번

에 완수하셨기 때문입니다.
28 사실 율법은 연약한 사람들을 대제사장으로 세웁니다. 그러나 율법 이후의 맹세의 말씀은 온전하게 된 아들을 영원히 (대제사장으로) 세웠습니다.

히8장

1 우리가 말하는 요지는 이러한 대제사장이 우리에게 있다는 것입니다. 그는 하늘에 있는 장엄한 보좌 우편에 앉으셨습니다.

2 그리고 거룩한 곳 즉 (하늘의) 참된 장막에서 특별한 직무를 수행하십니다. 그 장막은 사람이 아니라 주(하나님)께서 세우셨습니다.

3 물론 모든 대제사장은 봉헌예물과 희생제물을 드리는 일을 위하여 세움 받은 자입니다. 따라서 (우리가 소유하고 있는) 이 대제사장 역시 드릴 무엇이 있어야 합니다.

4 더 정확히 말해서 그가 이 땅에 계셨더라면 제사장이 될 가능성이 없습니다. 왜냐하면 (이 땅에는) 율법에 따라 봉헌예물을 드리는 제사장들이 있기 때문입니다.

5 그들이 섬기는 것은 하늘에 있는 것들의 모형과 그림자로서 모세는 하나님께 지시받은 대로 장막을 세웠습니다. "너는 반드시 그 산에서 네게 보여준 양식을 따라 모든 것을 만들도록 하라"고 하나님께서 말씀하셨기 때문입니다.

6 그러나 지금 그는(우리의 대제사장) 더 뛰어난 직무를 얻으셨습니다. 그리고 그는 더 좋은 약속에 근거하여 법적인 지위를 얻은 언약의 중보자이십니다.

7 사실 그 첫 언약이 무흠하였다면 두 번째 직무가 요구될 일이 없습니다.

8 그러므로 나무라시며 저들에게 말씀하셨습니다. "여호와의 말
씀이니라, 보라 날이 이르리니 내가 이스라엘 집과 유다 집에 새
언약을 맺으리라.
9 이 언약은 내가 그들의 조상들의 손을 잡고 애굽 땅에서 인도하
여 내던 날에 맺은 것과 같지 아니할 것은 그들이 내 언약에 머물
러 있지 않았기 때문에 나도 저들을 돌보지 않았음이라. 여호와
의 말씀이니라.
10 그러나 그 날 후에 내가 이스라엘 집과 맺을 언약은 이러하니,
여호와의 말씀이니라. 내가 나의 법을 그들의 속에 두며 그들의
마음에 기록하여 나는 그들의 하나님이 되고 그들은 내 백성이
될 것이라.
11 그들이 다시는 결코 각기 이웃과 형제를 가르쳐 이르기를 너
는 여호와를 알라 하지 아니하리니 이는 작은 자로부터 큰 자까
지 다 나를 알기 때문이라.
12 내가 그들의 악행을 사하고 다시는 그 죄를 기억하지 아니하
리라. 여호와의 말씀이니라." (예레미야31:31-34)
13 새것이라 말씀하심으로 먼저 것은 이미 낡은 것입니다. 그리
고 낡고 늙으면 점점 사라집니다.

히9장

1 더 정확히 말해서 첫 번째 장막 역시 제의적 예법과 땅에 있는
성소를 가지고 있습니다.
2 이제 첫 장막이 세워져 있고 그 안에는 촛대와 식탁과 하나님
앞에 드리는 빵(진설병)이 있습니다. 이곳을 '성소'라고 합니다.
3 그리고 둘째 휘장 뒤에는 지성소라 하는 장막이 있습니다.
4 금향로가 있고 그리고 사면을 금으로 덮은 언약궤가 있습니다.
그 안에는 만나를 보관한 금 항아리와 아론의 싹 난 지팡이와 그
리고 계명이 새겨진 두 돌 판이 있습니다.
5 그리고 그(언약궤) 위에는 속죄소(법궤 덮개)를 내리덮는 영광스
러운 케루빔들이 있습니다. 지금 이것들에 관하여 자세히 언급할
수는 없습니다.

6 이제 이것들이 이처럼 정돈되어 있어, 제사장들은 첫 장막(성
소)에 계속해서 들어가 맡은 일을 수행합니다.
7 그리고 둘째 장막(지성소)은 대제사장 혼자 일 년에 한차례 들어
가는데 피 없이는 못 들어갑니다. 이 피는 자신과 백성의 허물을
위하여 드리는 피 입니다.
8 이것은 첫 장막(성소)이 지금까지 서 있는 동안에 지성소로 들어
가는 길이 아직 드러나지 않은 것이라고 성령께서 설명해주셨습
니다.

9 이는 현 시대를 위한 비유로써, 드려지는 봉헌예물과 희생 제물
로는 직무를 수행하는 자(제사장)의 양심까지 온전케 할 수 없다는
것입니다.
10 이것은 단지 (율법에서 허락된) 음식과 마시는 것과 다양한 정결예
식에 관한, 그리고 개혁의 때까지 부과된 육체의 규범일 뿐입니다.
11 그러나 그리스도는 손으로 짓지 아니한 즉 이 창조계에 속하
지 아니한 더 위대하고 온전한 장막으로 말미암아 좋은 일을 위
한 대제사장으로 오셔서,
12 염소나 송아지의 피가 아니라 자신의 피로써 (감춰져 있던) 영원
한 속죄를 드러내시고 단번에 성소(지성소)에 들어가셨습니다.
13 그런즉 황소나 염소의 피와 암송아지의 재를 육체의 정결예식
으로 부정한 자에게 뿌려서 그가 거룩하게 된다면
14 영원하신 성령을 통하여 흠 없는 자신을 하나님께 드린 그리
스도, 그분의 피는 더더욱 여러분의 양심을 정화시켜 죽은 행실
을 떠나 살아계신 하나님을 섬기게 하지 않겠습니까?

15 그러므로 그는 새 언약의 중보자 이십니다. 때문에 첫 언약 아
래에서 범한 죄의 속량(몸값을 내고 풀려남)을 위하여 죽으심으로 부
름 받은 자들에게 약속한 영원한 유산을 얻게 하실 것입니다.
16 사실 어디든지 유언은 유언한 자의 죽음이 반드시 필요합니다.
17 유언은 죽음에 의해 유효합니다. 반면에 유언한 자가 살아있
는 동안에는 효력이 전혀 없습니다.
18 결과적으로 첫 언약도 피 없이 시작된 것이 아닙니다.

19 모세가 율법에 따라 모든 백성에게 계명 모두를 발표하고, 송
아지와 염소의 피를 취하여 물과 붉은 양털과 우슬초와 함께 두
루마리와 모든 백성에게 그것을 뿌렸습니다.
20 그리고 나서 말하기를 "이것은 하나님께서 너희에게 명하신
언약의 피라." 하고
21 이와 유사한 방식으로 장막과 직무에 사용하는 모든 기구에
뿌렸습니다.
22 대부분 모든 것이 율법에 따라 피로써 정결하게 됩니다. 피 흘
림 없이 탕감(용서)은 발생하지 않습니다.

23 그러므로 사실 하늘에 있는 것들의 견본은 이런 것들로 정화
할 필요가 있으나 하늘 위에 있는 것들은 이런 것들보다 더 우월
한 희생 제물이어야 합니다.
24 그래서 그리스도는 참된 것의 표상(복사)인 손으로 만든 성소
에 들어가지 않으시고 바로 그 하늘에 들어가셨고, 이제 우리를
위하여 하나님 면전에 드러내셨습니다.
25 여하튼 대제사장이 해마다 다른 피를 가지고 성소에 들어가는
것처럼 자신을 자주 드릴 필요 없이,
26 그렇지 않으면 세상의 기초가 세워진 때부터 자주 고난당해야
했을 것이나, 이제는 자신을 희생 제물로 드려 죄를 제거(폐기)하
시려고 시대의 끝에 한번 나타내셨습니다.
27 한번 죽는 것은 사람에게 정해진 것이요 그 후에는 심판이 있
다는 점을 고려해 보면

28 그리스도 역시 그렇게 많은 사람들의 죄를 감당하기 위하여
한번 드려졌고, 자신을 학수고대하는 자들을 구원하기 위하여 죄
없이 두 번째 나타날 것입니다.

히10장

1 실로 율법은 장차 좋은 일에 대한 그림자요, 바로 그 사물에 대한 형상이 아니기에, 해마다 계속해서 드리는 그 같은 희생 제물로는 가까이 오는 자들을 결코 온전케 할 수 없습니다.

2 그렇지 않으면 직무에 종사하는 자들이 단번에 정결케 되어 아무도 죄를 의식하지 못했을 것이요, 드리는 일도 그쳤을 것입니다.

3 그러나 이 드리는 일은 해마다 죄를 기억나게 합니다.

4 왜냐하면 황소와 염소의 피가 죄를 제거할 수 없기 때문입니다.

5 그러므로 그가 세상에 오셔서 말씀하시기를 "주께서 제사와 예물을 원치 않으시고 다만 (역할을 위하여) 저의 몸을 준비하셨으니,

6 번제도 속죄제도 기뻐하지 않으신다. (하시기에)

7 그때 제가 말하기를, 보십시오. 하나님이여, 저에 대하여 두루마리 책에 기록된 하나님의 뜻을 행하러 제가 왔습니다."라고 했습니다. (시40:6-8)

8 앞서 말씀하시기를 "(하나님은) 제사와 예물과 번제와 속죄제를 원하지도 기뻐하지도 않으신다." 하셨는데, 이런 것들은 다 율법에 따라 드려집니다.

9 이어서 언급하시기를 "보십시오, 하나님이여, 하나님의 뜻을 행하러 제가 왔습니다."라고 하셨으니, 이는 먼저 것을 폐하고 둘째 것을 세우려는 것입니다.

10 이 뜻 안에서 예수 그리스도께서 단번에 그 몸을 드리심으로
우리는 깨끗하게 되었습니다.

11 사실 제사장은 날마다 직무를 수행하며, 같은 희생제물을 자
주 드립니다. 그러나 이것들은 결코 죄를 제거할 수 없습니다.
12 그리스도는 죄를 위하여 한번 영원한 희생제물을 드리신 후에
하나님 우편에 앉으셨습니다.
13 이 후로는 원수들을 자신의 발받침으로 세울 때까지 기다리고
계십니다.
14 이제 그는 한 번의 희생제사로, 깨끗하게 된 자들을 영원히 온
전케 하셨습니다.

15 또한 성령께서 미리 내다보신 후에 우리에게 증거 하시기를,
16 "그날 후로 저들과 맺을 언약이 이것이니, 주께서 이르시되,
내 법을 저들의 마음에 두고 그리고 저들의 생각에 새겨 넣을 것
이다." (렘31:33,34)
17 "그리고 저들의 죄와 저들의 불법을 결코 기억하지 않을 것이
다."라고 하셨습니다.
18 이제 죄와 불법의 탕감이 있는 곳에는, 죄를 위한 희생제사가
더 이상 없습니다.

19 그러므로 형제들이여, 예수의 피로 말미암아 우리는 당당하
게 성소 안으로 들어갈 수 있습니다.

20 이것을 그가 개시하셨습니다. 휘장을 통과하는 새로운 길이요
살아 있는 길입니다. 그 휘장은 그의 육체요,
21 또한 그는 하나님의 집에서 가장 높은 제사장이십니다.
22 우리는 악한 양심을 떠나 마음에 피 뿌림을 받고, 그리고 깨끗
한 물로 씻음을 받았으니 진실한 마음과 함께 온전한 믿음으로
가까이 나아갑시다.
23 우리가 소망하는 신앙고백을 확고하게 간직합시다. 약속하신
분은 신실하십니다.
24 사랑과 선행을 격려하기 위하여 서로를 면밀히 살펴봅시다.
25 어떤 이들의 습관처럼 예배모임을 저버리지 말고 강권합시다.
그날이 가까이 오고 있음을 아는 만큼 더욱 그렇게 합시다.

26 진리에 관한 지식을 붙잡은 후에 우리가 고의로 죄를 범한다
면 더 이상 속죄를 위한 희생제사는 남아있지 않습니다.
27 그런 사람은 두려운 심판과 대적을 삼켜버리는 맹렬한 불이
예상 될 뿐입니다.
28 모세의 율법을 폐기한 자도 두 세 증인으로 가차 없이 죽었습
니다.
29 그렇다면 하나님의 아들을 내리 밟고, 그 안에서 깨끗함을 얻
은 언약의 피를 불결하게 여기고, 성령의 은사를 욕되게 하는 자
가 받아야할 형벌은 당연히 얼마나 중할 것인지 생각해 보십시오.
30 주께서 말씀하시기를 '보복은 나에게 있으니, 내가 갚으리라'
또 다시 주께서 '그의 백성을 심판하시리라'고 말씀하신 분을 우

리는 알고 있습니다.
31 살아계신 하나님의 손에 걸려든다는 것은 소름끼치는 일입니다.

32 빛을 받고나서 고난의 큰 싸움을 견딘 이전의 날들을 생각해
보십시오.
33 여러분은 비난과 핍박으로 구경거리가 되었고, 이런 처지에
있던 자들의 친구가 되었습니다.
34 또한 여러분은 나의 갇힌 자들을 동정해 주었으며, 더 좋은 것
이 하늘에 있음을 여러분 자신이 알기에, 재산을 강탈당해도 여
러분은 기쁨으로 받아드렸습니다.
35 그러므로 당당함을 내던지지 마십시오, 이런 자들은 누구든지
보상을 받습니다. 아주 큽니다.
36 이제 여러분에게 인내가 필요함은 하나님의 뜻을 행한 후에
그 약속한 것을 받기 위함입니다.
37 참으로 잠시 후에 오시는 이가 도착할 것입니다. 오래 기다리
지 않을 것입니다.
38 "그러나 의인은 믿음으로 살리라. 만일 물러선다면 내 생명이
그를 기뻐하지 않으리라" 하셨습니다.
39 우리는 멸망을 향한 겁먹은 자들이 아니라, 오히려 영혼의 구
원을 향한 믿는 자들입니다.

히11장

1 믿음은 희망하는 것들(수동태)의 본질이며, 보이지 않는 것들(수
동태)의 (그 실체를 얻어내는) 근거입니다.
2 이 믿음을 조상들이 입증했습니다.

3 믿음으로 우리는 압니다. 하나님의 선포로 이 세상이 만들어졌습니다. 눈에 보이는 것들은 드러난 것으로부터 발생된 것이 아닙니다.

4 믿음으로 아벨은 가인보다 더 훌륭한 제물을 하나님께 바쳤습니다. 하나님께서 그의 예물에 대하여 증언하심으로 그가 올바르다는 것이 입증되었습니다. 그리고 그 믿음으로 말미암아 그는 죽었으나 지금까지 말하고 있습니다.

5 믿음으로 에녹은 죽음을 보지 않고 옮겨졌는데 하나님께서 그
를 옮기셨음으로 발견되지 않았습니다. 그러므로 옮겨가기 전에
그는 하나님을 기쁘시게 해 드렸다는 것이 입증된 것입니다.
6 믿음을 떠나서 (하나님을) 기쁘시게 할 수 없습니다. 하나님께 나
아가는 자는 그가 (거기에) 계신 것과 그를 부지런히 찾는 자에게
상 주시는 분임을 믿어야 합니다.

7 믿음으로 노아는 아직 보이지 않는 일에 대하여 하나님의 말씀
을 받고서 그의 집을 구원하기 까지 용의주도하게 방주를 만들었
습니다. 이로 인하여 그는 세상을 단죄하였고, 믿음을 따라 의의
상속자가 되었습니다.

8 믿음으로 아브라함은 머지않아 유업으로 받을 그 지역으로 떠
나라는 부름을 받고 순종했습니다. 그리고 그는 가는 곳에 대한
아무런 정보 없이 떠났습니다.

9 믿음으로 그는 이방인처럼 약속의 땅에 머무르며, 동일한 약속
의 공동상속자인 이삭과 그리고 야곱과 함께 장막에 거주하였습
니다.
10 실로 그는 명장이신 하나님께서 성읍을 세우실 그 토대를 기
대했습니다.

11 믿음으로 사라 자신도 출산기가 지났음에도 씨를 잉태하는
능력을 얻었습니다. 이는 약속하신 분을 신실한 분으로 여겼기
때문입니다.
12 그러므로 죽은 자와 같은 한 사람으로부터, 하늘의 수많은 별
과 같이 바닷가의 모래와 같이, 셀 수 없이 많은 사람이 태어났습
니다.

13 믿음을 따라 저들은 모두 죽었습니다. 약속을 받지 못했으나

멀리서 그것을 보았고, 확신했고, 환영했습니다. 그리고 그 땅에
서는 손님과 순례자임을 인정했습니다.
14 바로 바로 이렇게 말하는 자들은 그들이 본향을 추구하고 있
음을 나타내 줍니다.
15 더 정확히 말해서 만일 떠나 온 곳을 본향으로 생각했다면 그
들은 돌아갈 기회가 있었을 것입니다.
16 그러나 지금 그들은 더 좋은 하늘 본향을 갈망하고 있습니다.
그러므로 하나님은 그들의 하나님으로 칭함 받으심을 결코 부끄
럽게 여기지 않으셨습니다. 왜냐하면 그들을 위하여 도시를 예비
하셨기 때문입니다.

17 믿음으로 아브라함은 시험 당할 때 이삭을 바쳤습니다. 더구
나 그는 거듭 약속을 받았음에도 불구하고 독자를 바쳤습니다.
18 그에게 이미 '이삭을 네 자손이라 칭하리라'고 말씀하셨습니
다.
19 그는 하나님께서 죽은 자 가운데서 능히 다시 일으킬 수 있다
고 생각했습니다. 역시 비유로써 그는 죽은 자로부터 되돌려 받
은 것입니다.

20 믿음으로 이삭은 장래 일에 관하여 야곱과 에서를 축복했습
니다.

21 믿음으로 야곱은 죽음을 맞이하여 요셉의 아들 모두 각각 축

복하였고 자신의 지팡이 머리를 의지하여 (하나님께) 경배 드렸습니다.

22 믿음으로 요셉은 임종 시에 이스라엘 자손들의 탈출에 관하여 언급했으며, 자신의 뼈에 대하여 엄중하게 지시했습니다.

23 믿음으로 모세의 부모는 모세가 태어나자 석 달 동안 숨겼습니다. 아이의 기품을 보았고 또한 왕의 칙령을 두려워하지 않았기 때문입니다.

24 믿음으로 모세는 성인이 되어 바로의 공주의 아들이라 불리는 것을 거부했습니다.
25 잠시 죄악의 향락을 즐기기보다는 오히려 하나님의 백성과 함께 받는 학대를 택했습니다.
26 그는 그리스도께서 당하신 (그런) 수치를 애굽에 있는 보물보다 더 큰 재물로 여겼습니다. 참으로 그는 (한눈팔지 않고) 보상을 기대했습니다.

27 믿음으로 왕의 분노를 두려워하지 않고 애굽을 버렸습니다. 보이지 않는 것을 마치 (지금) 보고 있는 것같이 인내했습니다.

28 믿음으로 그는 유월절과 피 뿌림을 준수했습니다. 이는 멸하는 자로 하여금 저들의 장자를 건드리지 못하게 하려는 것입니다.

29 믿음으로 그들은 홍해를 마른 땅처럼 건너갔으나 애굽 사람
들은 시도하다가 물에 빠져 죽었습니다.

30 믿음으로 그들이 여리고를 칠일 동안 포위했더니 벽이 무너
졌습니다.

31 믿음으로 음녀 라합은 정탐꾼을 평안하게 영접함으로 불순종
하는 자들과 함께 죽임을 당하지 않았습니다.

32 더 이상 무슨 말을 하겠습니까? 기드온과 바락 그리고 삼손과
입다, 다윗과 사무엘 그리고 선지자들에 관하여 언급하려면 시간
이 부족합니다.
33 그들은 믿음으로 왕국을 물리쳤고, 의를 위하여 애썼으며, 약
속한 것을 얻었으며, 사자의 입을 봉했으며,
34 강력한 불을 껐으며, 칼날을 피했고, 나약함에서 권능을 부여
받았고, 전쟁 중에 용맹한 자가 되었고, 적진을 궤멸시켰습니다.
35 여자들은 부활로부터 그들의 죽은 자들을 받았습니다. 더욱이
다른 이들은 고문대에 누었으나, 더 좋은 부활을 누리기 위하여
석방을 반기지 않았습니다.
36 또한 어떤 이들은 조롱을 당하며 채찍에 맞았습니다. 게다가
쇠사슬에 묶이고 감옥에 갇히기도 했습니다.
37 그들은 돌에 맞고, 톱질을 당하고, 칼에 찔려 죽고, 양가죽과
염소가죽을 입고 이리저리 떠돌며, 궁핍과, 괴롭힘과 학대를 당했

습니다.
38 세상은 이런 사람들에게 합당치 않습니다. 그래서 그들은 광
야에서, 작은 산과 동굴들 그리고 토굴들을 헤매고 다녔습니다.

39 이 사람들은 모두 믿음을 통하여 증거를 받았습니다. 그러나
그 약속을 되돌려 받은 것은 결코 아닙니다.
40 하나님은 우리를 위하여 더 좋은 무엇을 예비하셨으니, 이는
우리 없이 결코 그들이 (먼저) 정상에 이르지 못하게 하려는 것입
니다.

히12장

1 그러므로 우리는, 수많은 목격자(관중)들이 구름처럼 우리를 둘
러싸고 있으니, 모든 장애물과 옭아매기 쉬운 죄를 버리고, 우리
앞에 놓여 있는 경주로를 끈기 있게 질주하면서
2 믿음의 선구자요 정상에 오르신 예수를 바라봅시다. 그는 앞에
놓여 있는 기쁨 때문에 부끄러운 십자가를 개의치 않으시고 견디
셨습니다. 뿐만 아니라 하나님 보좌 우편에 앉으셨습니다.
3 참으로 자신을 배반한 죄인들 수하에서 이같이 견디신 예수를
생각하고 또 생각해 보십시오. 그러면 여러분의 영혼은 지쳐 쓰
러지지 않을 것입니다.

4 여러분이 죄와 대적하여 싸우고 있다 해도, 아직 피 흘리기 까
지 버틴 것은 아닙니다.
5 그런데 여러분은 아들에게 훈계하듯 여러분에게 권면해 주신
(다음과 같은) 말씀을 잊었습니다. "내 아들아, 주의 훈계를 가볍게
여기지 말고, 그에게 책망을 듣고 낙심치 말라.
6 참으로 주께서는 사랑하는 자를 훈계하시고, 게다가 용납하는
아들마다 꾸짖으신다."라고 하셨습니다. (잠3:11-12)

7 만일 여러분이 훈계를 견딘다면, 하나님은 여러분을 아들로 취
급하십니다. 아버지가 훈계하지 않는 아들이 어떻게 아들입니까?

8 그러나 모두 다 받는 훈계가 여러분에게 없다면, 여러분은 사생
자요 아들이 아닙니다.
9 더욱이 육신의 부모가 우리를 훈계한다 해도 우리는 부모를 공
경합니다. 그렇다면 더더욱 영의 아버지께 우리가 순종하며 살아
야 하지 않겠습니까?
10 부모는 잠시 동안 부모의 생각대로 훈계합니다만, 하나님은
하나님의 거룩함에 우리를 동참시키기 위하여 우리에게 유익한
훈계를 하십니다.
11 모든 훈계는 당분간 기쁘게 보이지 않고 괴로울 지라도, 나중
에 그것을 통하여 훈련된 자들에게는 유익하고 좋은 열매를 맺게
합니다.

12 그러므로 늘어진 손과 약해진 무릎을 일으켜 세우십시오.
13 여러분의 발을 위하여 곧은길로 가십시오. 이는 절뚝거리는
다리가 탈구되지 않고, 오히려 고침 받게 하려는 것입니다.

14 모든 사람과 더불어 평화와 거룩함을 추구하십시오. 이것 없
이는 아무도 주님을 뵙지 못할 것입니다.
15 하나님의 은혜에 이르지 못하는 자가 없도록, 쓴 뿌리가 위로
나와 괴롭게 하거나 또한 이로 인하여 많은 사람들이 오염되지
않도록 주의하십시오.
16 간음하는 자나 혹은 음식 한 그릇 때문에 장자권을 넘겨준 에
서처럼 문지방을 넘는 자(불경한 자)가 없도록 (주의 하십시오.)

17 여러분도 아는 바와 같이 그 후에 그는 축복을 상속받으려 했
으나 거절당했습니다. 눈물로 간청했음에도 반전시킬 기회를 얻
지 못했습니다.

18 이제 여러분은 손으로 만질 수 있는 산(시내산)에 접근한 것이
아닙니다, (거기에는) 타오르는 불과 흑암과 그늘과 폭풍과
19 나팔 소리와 말씀하시는 소리가 있었습니다. 소리를 들었던
사람들은 멈추어 달라고 요청했습니다.
20 왜냐하면 심지어 사나운 짐승도 그 산에 닿는다면 돌에 맞거
나 창에 찔릴 것이라는 명령을 감당할 수 없었기 때문입니다.
21 이렇듯 소름끼치는 광경으로 인해 모세 역시 심히 두렵고 떨
린다고 했습니다.
22 그러나 여러분이 이미 도착한 곳은 시온 산과, 살아계신 하나님
의 도성 즉 높은 곳에 있는 예루살렘과, 수많은 천사들과, 총회와,
23 하늘에 등록된 첫째 지위를 누리는 교회와, 모든 사람들을 심
판하시는 하나님과 온전케 된 의인의 영들과
24 새 언약의 중보이신 예수님과, 아벨의 피와 견주어도 더 월등
하다고 말하는 피 뿌림(대속의 피)이 있는 곳입니다.

25 여러분은 말씀을 전하는 자를 거역하지 않도록 조심하십시
오. 땅에서 하나님의 말씀을 전한 자를 거역한 저들이 (심판을) 피
하지 못하였는데, 하늘로부터 하나님의 말씀을 전하는 자를 배반
하는 자들은 더더욱 피할 수 없을 것입니다.

26 당시에는 그분의 소리가 땅을 흔들었으나 이번에는 공언하시
기를 "한 번 더 내가 땅뿐만이 아니라 하늘도 흔들리라."고 하셨
습니다. (학2:6)
27 '한 번 더'라 하심은 만들어진바 흔들리는 것들을 제거하신다
는 뜻입니다. 이는 흔들리지 않는 것들을 남아있게 하려는 것입
니다.

28 그 결과 우리는 흔들리지 않는 나라를 받습니다. 그러니 우리
는 이 은혜를 간직합시다. 이로 말미암아 하나님께서 흡족해 하
실 수 있도록 겸손함과 경외함으로 헌신합시다.
29 또한 우리 하나님은 태워버리는 불이라 하셨습니다.(신4:24)

히13장

1 계속해서 형제를 사랑하십시오.
2 손님(이방인) 접대를 소홀히 하지 마십시오. 이로 말미암아 어떤
이들은 뜻하지 않게 천사들을 대접했습니다.
3 여러분은 갇힌 자들을 함께 갇힌 것으로 생각하시고, 학대받는
자들을 여러분 자신의 몸으로 생각하십시오.

4 모든 것 가운데 혼인관계를 귀하게 여기고 부부관계를 더럽히
지 마십시오. 간음하는 자와 간통하는 자를 하나님께서 심판하실
것입니다.

5 살아가는 방식에 있어서 탐욕을 부리지 말고 지금 가지고 있는
것에 만족하십시오. 그분께서 "내가 너희를 결단코 버리지도 또
한 포기하지도 않으리라"고 언급하셨기 때문입니다. (신31:6)
6 그러므로 "주는 나를 돕는 자시니 내가 두려워 아니하리라. 사
람이 내게 어찌할까?"라는 말씀은 우리에게 용기를 줍니다. (시
118:6)

7 여러분을 지도하며 하나님의 말씀을 전해준 자들을 되새겨 보
십시오. 그들의 품행의 결말을 주의 깊게 보신 후에 그 믿음을 따
르십시오.

8 예수 그리스도는 어제나 오늘이나 영원토록 동일한 분입니다.
9 이례적인 잡다한 교훈에 휘둘리지 마십시오. 마음은 먹는 음식
이 아니라 은혜로 견고히 하는 것이 좋습니다. 음식 때문에 참여
한 자들에게는 아무런 유익이 없습니다.
10 우리는 제단을 가지고 있으나 제단을 섬기는 자들이 제단에서
나오는 것(제물)을 먹을 권한이 없습니다.
11 왜냐하면 죄를 위한 동물의 피는 대제사장이 성소로 가지고
들어가고 동물의 몸은 진영 문밖에서 태워버리기 때문입니다.
12 그러므로 예수님 역시 자신의 피로 백성을 거룩하게 하시려고
성문 밖에서 고난 받으셨습니다.
13 따라서 지금 우리도 예수님의 치욕을 짊어지고 진영 문밖으로
나아갑시다.
14 우리는 여기에는 거주할 성이 없기 때문에 장래의 성을 찾고
있습니다.
15 이제 우리는 그분으로 말미암아 하나님께 끊임없이 찬양의 제사
를 드립시다. 이것이 그분의 이름을 고백하는 입술의 열매입니다.
16 또한 은혜를 베풀며 나누는 일에 소홀하지 마십시오. 참으로
하나님은 이러한 제물을 매우 기뻐하십니다.

17 지도자들을 따르십시오, 이기려하지 마십시오. 저들은 결산
서를 제출한다는 생각으로 여러분의 영혼을 위하여 깨어있기 때
문입니다. 이는 저들로 하여금 탄식하지 않고 기쁨으로 하게 하
려는 것입니다. 탄식하게 하는 것은 여러분에게 적절치 않습니

다.(유익이 없습니다.)

18 우리를 위해 기도해 주십시오. 참으로 우리는 모든 일에 있어
서 바르게 처신하려는 선한 양심이 있음을 확신합니다.
19 여러분에게 속히 돌아갈 수 있도록 더 많은 기도를 부탁합니다.

20 양들의 큰 목자이신 주 우리 예수를 영원한 언약의 피로써 죽
은 자 가운데서 들어 올리신 평화의 하나님께서
21 예수 그리스도를 통하여 자신의 기뻐하시는 것을 우리 속에
이루어 주시고, 모든 선한 노력으로 그분의 뜻을 행할 수 있도록
여러분을 손질해 주시기를 원합니다. 영광이 영원무궁 (할지어다.)
아멘.

22 또한 형제들이여, 여러분에게 부탁합니다. 몇 마디로 첨가한
이 권면의 말을 들어주시기 바랍니다.

23 형제 디모데가 풀려났다고 합니다. 그가 속히 오면 그와 함께
여러분을 뵙고자 합니다.

24 여러분의 모든 지도자들과 또한 모든 성도들을 문안하십시
오. 멀리 이탈리아 사람들이 여러분을 문안합니다.
25 여러분 모두에게 은혜가 (있을 지어다.)